Stichworte: Wissen kompakt

Weitere Bände in dieser Reihe
http://www.springer.com/series/13098

Die Reihe „Stichworte: Wissen kompakt" antwortet auf die Notwendigkeit den rasch wachsenden Wissensbestand der Sozial- und Kulturwissenschaften auf der Höhe der Zeit und in allgemein verständlicher Form zu bündeln. Als Verfasser kommen jeweils die führenden Vertreter eines spezifischen Forschungs- und Wissensgebietes zum Einsatz, welche sich zudem der gesellschaftlichen Relevanz ihrer wissenschaftlichen Arbeit verpflichtet fühlen. Dabei handelt es sich in der Regel um anerkannte Fachvertreter von hoher Reputation, beziehungsweise um ExpertInnen in aufstrebenden (Teil-)Disziplinen.

Herausgegeben von
Jun.-Prof. Dr. Marian Adolf
Zeppelin Universität
Friedrichshafen
Deutschland

Prof. PhD Nico Stehr
Zeppelin Universität
Friedrichshafen
Deutschland

Helmut Willke

Regieren

Politische Steuerung komplexer
Gesellschaften

Prof. Dr. Helmut Willke
Zeppelin Universität
Friedrichshafen
Deutschland

ISBN 978-3-658-03709-3   ISBN 978-3-658-03710-9 (eBook)
DOI 10.1007/978-3-658-03710-9

Die Deutsche Nationalbibliothek verzeichnet diese Publikation in der Deutschen Nationalbibliografie; detaillierte bibliografische Daten sind im Internet über http://dnb.d-nb.de abrufbar.

Springer VS
© Springer Fachmedien Wiesbaden 2014
Das Werk einschließlich aller seiner Teile ist urheberrechtlich geschützt. Jede Verwertung, die nicht ausdrücklich vom Urheberrechtsgesetz zugelassen ist, bedarf der vorherigen Zustimmung des Verlags. Das gilt insbesondere für Vervielfältigungen, Bearbeitungen, Übersetzungen, Mikroverfilmungen und die Einspeicherung und Verarbeitung in elektronischen Systemen.

Die Wiedergabe von Gebrauchsnamen, Handelsnamen, Warenbezeichnungen usw. in diesem Werk berechtigt auch ohne besondere Kennzeichnung nicht zu der Annahme, dass solche Namen im Sinne der Warenzeichen- und Markenschutz-Gesetzgebung als frei zu betrachten wären und daher von jedermann benutzt werden dürften.

Lektorat: Dr. Andreas Beierwaltes, Katharina Gonsior

Gedruckt auf säurefreiem und chlorfrei gebleichtem Papier

Springer VS ist eine Marke von Springer DE. Springer DE ist Teil der Fachverlagsgruppe Springer Science + Business Media.
www.springer-vs.de

Inhalt

1. **Wozu Regieren?** 1
   - 1.1 Koordination 7
   - 1.2 Kooperation 16
   - 1.3 Kollektivgüter 20
2. **Theoretische Perspektiven** 27
   - 2.1 Neo-Institutionalismus und institutionelle Analyse 28
   - 2.2 Akteurzentrierter Institutionalismus 33
   - 2.3 Systemische Steuerungstheorie 35
     - 2.3.1 Regieren als Management struktureller Kopplungen 52
     - 2.3.2 Regieren als Management systemischer Kontingenzen 57
     - 2.3.3 Regieren als Kontextsteuerung 60
3. **Gegenwärtige Herausforderungen des Regierens** 69
   - 3.1 Globalisierung als Herausforderung des Regierens 74
     - 3.1.1 Fallstudie: Politische Steuerung des globalen Finanzsystems? 88
     - 3.1.2 Globale Kollektivgüter 94
   - 3.2 Wissensgesellschaft als Herausforderung des Regierens 97

3.2.1 Fallstudie: Expertise im Prozess des
 Regierens 114
 3.2.2 Regieren in der globalen
 Wissensgesellschaft – global governance... 126

4 Zur Zukunft des Regierens 135

Literatur 141

1
Wozu Regieren?

Wozu benötigen gegenwärtige Nationalstaaten Einrichtungen des Regierens? Die Frage scheint naiv und trivial zu sein, aber der Anschein täuscht. Denn ob, und wenn ja, in welchem Umfang und in welchen Hinsichten Regieren notwendig sei, ist eine in den betroffenen Wissenschaften – von Philosophie über Politikwissenschaft und Soziologie bis zur Politischen Ökonomie – höchst umstrittene Frage. Ebenso offensichtlich ist, dass das, was unter Regieren verstanden wird, im Laufe der geschichtlichen Epochen und mit der Veränderung der Formen von Gesellschaft sehr unterschiedlich ausfällt.

Gehen wir von der Situation zu Beginn des 21. Jahrhunderts aus, dann betrifft das Stichwort Regieren primär die 192 nationalstaatlich organisierten Gesellschaften, die Mitglieder der UNO sind, also nahezu alle Staaten der Welt. Damit soll nicht unterschlagen werden, dass in einer historischen Sicht auch andere soziale Gebilde wie Gemeinschaften, Dörfer, Stämme, Völker oder religiöse Gemeinschaften eine Regierung oder andere Formen des Regierens hervorgebracht haben, die allerdings nicht Gegenstand dieses Textes sein werden. Dass gegenwärtige (nationalstaatlich organisierte) Gesellschaften eine Regierung oder andere Formen des Regierens benötigen, liegt rein faktisch auf der Hand. Worum es in diesem Text daher primär geht, sind die Fragen nach dem Warum und Wozu des Regierens. Damit ist explizit ein gesellschaftstheoretischer Beschreibungs- und Erklärungsansatz gewählt, der das Thema Regieren als Bestandteil des Versuches begreift, die Funktionsweise moderner komplexer Gesellschaften zu analysieren und zu verstehen. Regieren zielt immer auf Systemsteuerung, unabhängig davon, um welche Art von sozialem System es sich handelt (also gilt dies auch etwa für archaische Gesellschaften, Stämme oder dörfliche Gemeinschaften). *Für den Fall gegenwärtiger Nationalstaaten wird Regieren damit definiert als politische Steuerung komplexer Gesellschaften.*

Schon der lateinische Ursprung des Wortes Regieren – nämlich regere = lenken, ausrichten – verweist darauf, dass Regieren immer ein Eingriff in das naturwüchsige Operieren eines Systems beinhaltet, also den Versuch der Veränderung, Verbesserung, Entwicklung, Beschleunigung von Zuständen und Prozessen, die aus irgendwelchen Gründen nicht zufriedenstellend erscheinen. Wären die Menschen einer Gesellschaft mit der schlicht naturwüchsigen, evolutionären und mithin zufälligen und ungesteuerten Entwicklung ihrer Gesellschaft zufrieden, dann bräuchte es kein Regieren. Und tatsächlich gibt es in der Staatsphilosophie und Gerechtigkeitstheorie die ernst zu nehmende Frage: „Why not have anarchy?" (Nozick 1974, S. 4). Aber bereits wenn wir von einem „minimalen Staat" (Nozick 1974, S. 26 ff.) ausgehen, ist intendierte und gewollte Veränderung gegebener Zustände impliziert – und damit Steuerung als die Absicht der Veränderung naturwüchsiger Gegebenheiten (Bußhoff 1992).

Mit dieser Begriffsbestimmung kommen aufschlussreiche funktionale Äquivalente für *Regieren* in den Blick, welche für andere Bereiche und in anderen Systemzusammenhängen die Funktion des Regierens übernehmen, wie vor allem *Managen/ Führen* in Unternehmen und anderen Organisationen, *Herrschen* in archaischen und vormodernen Gesellschaften oder (durch Glauben oder Wissen) *Überzeugen* in ideologischen bzw. wissenschaftlichen Kontexten. Nicht zufällig scheint hier ein Anklang an Max Webers berühmte drei reine Typen legitimer Herrschaft durch, nämlich traditionale, charismatische und rationale Herrschaft (Weber 1972, S. 124 ff.), die Max Weber zwar auf politische Herrschaft bezieht, die aber durchaus auch auf andere Formen und Ausprägungen des Regierens übertragen werden können. Allen Formen gemeinsam ist ein auffälliger Impetus des Veränderns – vor allem offensichtlich beim Managen, Führen und charismatischen Überzeugen. Immer geht es dabei darum, durch Veränderung (Entwicklung, Verbesserung, Optimierung, Läuterung etc.) bestimmte Zustände oder Ziele zu erreichen, die – so die Annahme – ohne Management, Führung oder Vorbild eben nicht erreicht würden.

Versteht man Regieren als politische Steuerung, dann ist es unabdingbar, den Begriff der Steuerung zu klären. Die frühe Kybernetik ging von der Differenz Regeln – Steuern aus und betrachtete Steuerung als lineare, direkte Beeinflussung, während Regelung (etwa am Beispiel des Thermostaten) eine Komplizierung durch Feedback-Schleifen umfasste. Ganz anders arbeitet die moderne soziologische Systemtheorie. Sie versteht grundsätzlich jedes komplexe soziale System als selbst-referentielles, operativ geschlossenes System, welches sich selbst steuert und von außen nur unter ganz spezifischen und selektiven Bedingungen beeinflussbar ist (Luhmann 1989; Luhmann 2002: fünfte und sechste Lektion).

Damit ist gerade für den Fall des Regierens das Modell der „Trivialmaschine" obsolet, wonach nach einer einfachen Input-output-Schematik durch bestimmte politische Maßnahmen oder Programme (Interventionen) gesellschaftliche Verhältnisse direkt und linear verändert werden könnten. Massive Erfahrungen von „Implementationsproblemen" (Mayntz 1983) und Staatsversagen haben auch außerhalb der steuerungsskeptischen Systemtheorie zu der Einsicht beigetragen, dass politische Steuerung nur selten gelingt. Die Thematik des Regierens sieht sich heute mit einem Trümmerhaufen gescheiterter praktischer Steuerungsvorhaben und Steuerungshoffnungen konfrontiert. Nicht nur die Praxis sozialistischer Gesellschaftssteuerung ist tragisch und mit unvorstellbaren Kosten gescheitert; auch die Praxis westlich-demokratischer Steuerung hat in unzähligen Bereichen tiefe Spuren der Enttäuschung, Konfusion und Resignation hinterlassen. Misslungene Steuerungsstrategien werden unter den Stichworten „Staatsversagen" und „Marktversagen" abgeheftet, wenn nicht gleich unter dem Titel einer „Logik des Misslingens" (Dörner 1989), von „Blundering into disaster" (McNamara 1987) oder von „Adventures in chaos" (Macdonald 1992). Politische Großinterventionen wie die Kriege im Irak und in Afghanistan stellen sich auch nach Jahren massiven Mitteleinsatzes als verhängnisvolle Irrtümer heraus, die von grandiosen Steuerungsillusionen getragen waren. Vielleicht noch gravierender ist das geradezu flächendeckende und jahrzehntelange Versagen der globalen Entwicklungshilfepolitik, die insgesamt wohl mehr Schaden angerichtet als Nutzen gestiftet hat (Erler 1985; Moyo 2010). Und noch weitgehend unbegriffen ist das Misslingen einer politischen Steuerung des globalen Finanzsystems, welches zu einer weiterhin andauernden globalen Finanz- und Wirtschaftskrise geführt hat (Willke 2009; Willke 2010b; Willke 2011b).

All dies provoziert die Frage, warum Regieren als politische Steuerung so schwierig, ungewiss und anfällig für Misslingen ist. Hält man sich vor Augen, dass Regieren immer bedeutet, dass die Politik (irgend eines politischen Systems) in gesellschaftliche Zustände eingreift, um Veränderungen zu erreichen, dann ist zunächst klar, dass es um Beziehungen zwischen *unterschiedlichen* Systemen geht: Wirtschaftspolitik soll in die Wirtschaft, Steuerpolitik in das Steuersystem, Familienpolitik in das Familiensystem, Wissenschaftspolitik in das Wissenschaftssystem, Rechtspolitik in das Rechtssystem, Gesundheitspolitik in das Gesundheitssystem und auch noch Sportpolitik in das Sportsystem (und so weiter für alle Funktionssysteme und Politikfelder) eingreifen, um etwas zu verändern. Das Grundproblem ist, dass diese Systeme (gesellschaftliche Teilsysteme oder Funktionssysteme) sich von außen, also von der Politik, nicht einfach steuern lassen. Sie folgen zunächst und primär ihren Eigenlogiken, ihren Eigendynamiken (Mayntz und Nedelmann 1987), ihren eigenen Regeln, Interessen, Präferenzen und Bestandsbedingungen. Und sie reagieren nur ganz selektiv – und manchmal überraschend oder kontraproduktiv – auf bestimmte externe Impulse oder „Verstörungen", so dass von außen nur ganz schwer bzw. gar nicht vorherzusehen ist, wie sich ein Gesetz oder eine andere politische Maßnahme des Regierens auswirken wird.

Diese steuerungsskeptische Perspektive, die direkt auf Grenzen des Regierens zielt, hat zunächst nichts mit systemtheoretischen Grundannahmen zu tun, vielmehr ist sie schlicht von einer überwältigenden empirischen Evidenz diktiert. Gerade drängendste politische Probleme wie Ungleichheit der Vermögensverteilung, Gleichbehandlung von Frauen, Umweltzerstörung, Klimawandel, Drogenkriminalität, Energiewende, Armut, Finanzkrise, öffentliche Verschuldung etc. etc. widerstehen nachhaltig den verschiedensten Ansätzen und Versuchen des Regierens. Warum ist das so? Bei der Beantwortung dieser Frage unterscheiden sich allerdings die Geister und die Theorien.

Herkömmliche Handlungs- und Akteurstheorien kleben gewissermaßen mit der Nase auf den konkreten Ereignissen. Sie sind sehr gut darin, die Beweggründe einzelner Akteure und ihre Handlungskonstellationen zu beschreiben, aber sie sehen den Wald vor lauter Bäumen nicht. Damit sind sie nicht wertlos, aber wenn man am ‚Wald' interessiert ist, das heißt, an den Zusammenhängen und Systemlogiken, welche erst bestimmte Handlungen hervorbringen, dann ist ein ganz anderer Ansatz unabdingbar. Im nächsten Kapitel werden drei solcher Ansätze vorgestellt und daraufhin befragt, was sie dazu beitragen können, den Prozess des Regierens adäquat zu analysieren und zu verstehen.

Zunächst aber steht die Frage im Vordergrund, weshalb komplexe Systeme (wie vor allem Gesellschaften) überhaupt regiert werden müssen, Regierungen brauchen und sich selbst damit die Aufgabe der politischen Steuerung verschreiben und vorschreiben. Die allgemeinste Antwort auf diese Frage ist, dass das Zusammenspiel vieler Menschen in einem sozialen System zwei Leistungen erfordert, wenn man Chaos und Anarchie vermeiden möchte. Diese Leistungen sind *Koordination* und *Kooperation*. Erst danach, wenn diese Grundvoraussetzungen gegeben sind, kommt die noch anspruchsvollere Aufgabe der Gewährleistung von Kollektivgütern ins Spiel.

Eine sozialanthropologische Erklärung für die Notwendigkeit von Koordination und Kooperation liegt sehr nahe: Weil Menschen „offene Lebewesen" sind, die nicht (wie Tiere) durch starre Instinkte und Reiz-Reaktions-Zyklen festgelegt sind (Gehlen 1963), haben sie viele Handlungsoptionen. Vereinfacht gesprochen, kann man sagen, dass Menschen als solche dadurch unberechenbar und mithin füreinander überraschend und auch gefährlich sein können (Hobbes 1984). Alle Sozialisation und soziale Ordnungsbildung läuft deshalb darauf hinaus, diese prinzipielle Offenheit des Menschen durch Konventionen, Regeln, Normen, andere Festlegungen und übergreifend durch regelgeleitete Organisationen und Institutionen zu begrenzen, einzubinden und mit handlungsleitenden Rahmen zu versehen, so dass bestimmte Sinnzusammenhänge im Voraus geordnet und mit festgelegten oder vereinbarten Bedeutungen ausgestattet werden. All dies grenzt die prinzipiell offenen Handlungsmöglichkeiten von Menschen ein und ermöglicht dadurch Koordination und Kooperation.

Aus diesen Überlegungen leitet sich die überragende Bedeutung von Institutionen für gesellschaftliche Ordnungsbildung ab. Die Theorieentwicklung hat darauf mit zwei unterschiedlichen aber durchaus verwandten Ansätzen reagiert: Zum einen mit institutionellen Ansätzen in den Ausprägungen des (eher ökonomisch orientierten) Neo-Institutionalismus (Chhotray und Stoker 2010, S. 53 ff.; North 1990a; North 1990b; Williamson 1985), der (eher politikwissenschaftlich orientierten) institutionellen Analyse (Nowlin 2011) und dem (eher übergreifenden) akteurzentrierten Institutionalismus (Mayntz 1997; Mayntz 2002; Scharpf 1989; Scharpf 1993a); zum anderen mit der Entfaltung einer soziologischen Systemtheorie auf der Grundlage der *General Systems Theory* (Bertalanffy 1979) und des Parsonsschen strukturell-funktionalen Ansatzes (Parsons 1964 (1951)). Diese Theorien werden im zweiten Kapitel ausführlich behandelt. Gemeinsames Thema dieser Theorien ist die grundlegende Frage nach den Bedingungen der Möglichkeit sozialer Koordination und Kooperation – und damit die Frage nach den Bedingungen der Möglichkeit der Steuerung bzw. Selbststeuerung komplexer Systeme. Dies ist die Kernthematik allen Regierens.

1.1 Koordination

Koordination bezeichnet den grundlegenden Prozess der Abstimmung einer gemeinsamen Perspektive. Wie das Wort selbst schon andeutet geht es darum, *Ordinaten* im Sinne eines gemeinsamen Vermessungssystems zu etablieren, um wissen zu können, in welchem Rahmen bzw. innerhalb welcher Koordinaten des sozialen Raumes man sich bewegt. So wie etwa in der Geografie Koordinaten auf einer Weltkarte es erlauben, gewissermaßen jeden Punkt der Erde genau zu bezeichnen (siehe Abb. 1.1), so ermöglichen soziale Koordinaten die Abstimmung gemeinsamer Aktivitäten trotz der prinzipiellen Unterschiedlichkeit der handelnden Menschen. So sind etwa die Zehn Gebote der Katholischen Kirche oder die Scharia des Islam ein Netz von Koordinaten, welche das Handeln von Menschen koordinieren sollen. Moderne Formen solcher Koordinatennetze mit weitreichender systemischer Wirkung sind vor allem die Verfassungen gegenwärtiger Demokratien. Koordination ermöglicht es damit, an jedem Punkt einer Handlungssequenz genau zu bezeichnen, ob die ablaufenden Handlungen noch innerhalb des Rahmens liegen oder schon

Abb. 1.1 Koordinatennetz des Globus

außerhalb – z. B. als legal oder illegal, moralisch oder unmoralisch, heilig oder profan, demokratisch oder undemokratisch etc. zu verstehen oder einzuschätzen sind.

In diesem Sinne überzieht Koordination einen sozialen Systemzusammenhang mit einem Netz an Koordinaten, die den ablaufenden Kommunikationen und Handlungen Orientierung geben. Damit ist noch keine bestimmte Zielsetzung oder eine intendierte Veränderung impliziert, vielmehr beschreibt die Kategorie der Koordination zunächst nicht mehr als die grundlegende Notwendigkeit von Abstimmung, sobald mehrere Menschen mit ihren vielen optionalen Handlungsmöglichkeiten aufeinander treffen – und der Wunsch besteht, dass sie sich nicht nur gegenseitig die Köpfe einschlagen.

Man kann sich das an der Situation von Robinson Crusoe verdeutlichen. Solange er allein auf seiner Insel haust, besteht keinerlei Bedarf an Regierung oder Regieren. Aber schon als nur ein einziger weiterer Mensch auftaucht, in diesem Fall Freitag, ändert sich die Situation grundlegend. Denn nun könnte alles passieren. Sie könnten sich in der Tat gegenseitig die Köpfe einschlagen; sie könnten aber auch Freunde werden und das Ziel des Überlebens gemeinsam verfolgen. Tatsächlich fällt Robinson, als er noch gar keinen anderen Menschen sieht, sondern nur in der Ferne die Boote der ‚Wilden', als erstes der Satz ein: „Inzwischen war ich fortwährend von Mordlust erfüllt. Ich verbrachte meine Stunden, die ich besser hätte anwenden sollen, meistenteils damit, Pläne zu schmieden, wie ich die Wilden beschleichen und überfallen wollte, sobald sie sich wieder blicken lassen würden" (Robinson Crusoe, Kap. 10). Beim ersten Treffen gibt es noch keine Koordinaten für abgestimmtes Verhalten. Es gibt keine geltenden Konventionen, Regeln, Normen; und es gibt keine übergreifenden Institutionen oder Regelsysteme, welche das nun folgende Handeln leiten könnten.

Ganz analog gehen politische Philosophen der unterschiedlichsten Richtungen, von Thomas Hobbes bis John Rawls, von einem ‚Naturzustand' der Herrschaftslosigkeit (Hobbes) oder des hypothetischen Nichtwissens („veil of ignorance" (Rawls 1981, S. 136 ff.) aus, der dann in der Realität mit den Leidenschaften, Egoismen und Niederträchtigkeiten der Menschen kollidiert. Nur dann führt dies zu erträglichen Ergebnissen, wenn es gelingt, eine gesellschaftliche Ordnung zu etablieren, die in den Augen ihrer Mitglieder als legitim gelten kann. Prototypische Mechanismen dieser Ordnungsbildung sind mit Blick auf Herrschaft Tradition, Charisma und Vertrag. Bemerkenswerterweise setzt bereits Hobbes ganz auf Vertrag und wird damit zu einem der Begründer modernen Regierens.

Mit Blick auf die allgemeinere Thematik der Systemsteuerung sind die idealtypischen Mechanismen der Ordnungsbildung Hierarchie, Netzwerk und Markt. Dazwischen liegt eine Vielzahl hybrider Formen, die im Kern aus unterschiedlichen Verknüpfungen der reinen Formen bestehen (vgl. Abb. 1.2). Hierarchie lässt sich vor allem an Gesellschaften beobachten, die durch Machtgruppen, Klassen, religiöse Kasten wie etwa in Indien, Schichten, Stände oder andere sozial abgegrenzte Gruppen geschichtet sind. Dass wohl die meisten archaischen Gesellschaften und alle

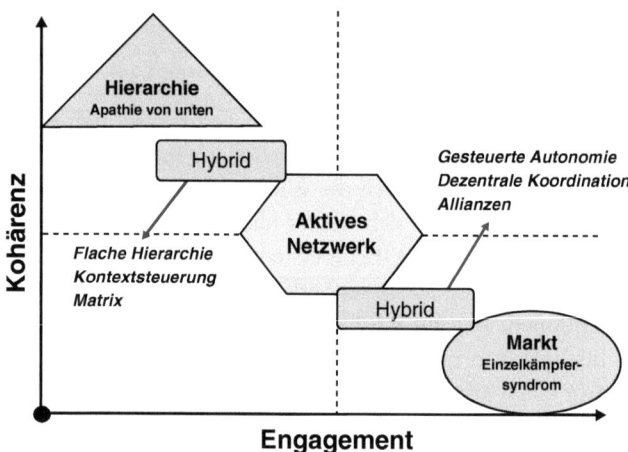

Abb. 1.2 Modelle der Systemsteuerung

frühen Hochkulturen bis in das Mittelalter hinein hierarchisch geschichtete Gesellschaften waren, lässt die Vermutung zu, dass Hierarchie als Ordnungsform in der Gesellschaftsgeschichte einen deutlichen evolutionären Vorteil gegenüber loseren Formen der Ordnungsbildung hatte.

Die Begründung dafür hat für den Fall von hierarchischen Organisationen, vor allem Firmen, Ronald Coase geliefert. 1937 veröffentlichte er einen inzwischen klassischen Artikel über eine „Theorie der Firma" (1937). Grundlage des Artikels war seine Verwunderung darüber, dass offenbar nicht der Markt die alleinige Koordinationsinstanz für ökonomische Transaktionen ist (wie es die Theorie des Marktes vorsieht), sondern dass *Firmen* einen wichtigen Teil der notwendigen Koordination übernehmen. In einer von Märkten gesteuerten Ökonomie könnten Firmen nicht überleben, würden sie die von ihnen übernommenen Koordinationsaufgaben nicht effizienter verrichten als der Markt selbst: „Coase identified transaction-cost economizing as a primary reason for the existence of the firm (as an alternative to the *ad hoc* purchasing of services within a market)" (Cyert und March 1992, S. 219). Diese Beobachtung führte zu Coases zentraler Idee: Er schlug vor, Märkte und Firmen als *alternative Modelle der Koordination ökonomischer Transaktionen* zu verstehen und sie unter dem Gesichtspunkt ihrer Transaktions-Kosteneffizienz zu vergleichen. Transaktionskosten, so hat Douglass North (North 1990b, S. 362) kompakt formuliert, sind die Kosten für die Schließung und Sicherung von Verträgen. Das Interessante daran für unsere Thematik ist, dass dies auch für die Schließung von Herrschaftsverträgen gilt.

Über den engeren wirtschaftswissenschaftlichen Kontext hinaus ist Coases Theorem höchst brisant. Denn es postuliert gegenüber dem liberalistischen Dogma moderner Gesellschaften, das auf pluralistische und dezentrale Selbstorganisation in demokratischen und marktförmigen Strukturen setzt, eine in manchen Hinsichten überlegene Koordinationsleistung *hierarchischer Strukturen*. Zwar spezifiziert Coase diese Hinsichten nicht, weil er Begriff und Inhalt von Transaktionskosten nicht operationalisiert; aber dies macht sein Argument noch gewichtiger, weil es so verstanden werden kann, dass für alle nicht-trivialen, komplexen Transaktionen Hierarchie die bessere (d. h. kostengünstigere) Wahl sei.

Coases Theorem stimmt damit nahtlos mit Max Webers Idee der überlegenen Rationalität formal bürokratischer Steuerungsformen überein. Erstaunlicherweise wird dieser Zusammenhang bis heute kaum gesehen. Allerdings benötigten auch die Wirtschaftswissenschaften eine lange Zeit, bis sie die Bedeutung der Ideen von Coase erkannten. Vor allem Oliver Williamson (Williamson 1975; Williamson 1985; Williamson 2005) entdeckte zu Beginn der 70er Jahre Coase wieder und arbeitet seitdem am Ausbau und an der Operationalisierung einer Theorie der Transaktionen, Transaktionskosten und der Systeme der Koordination von Transaktionen.

Für unseren Zusammenhang sind Coase und Williamson bedeutsam, weil sie direkt auf einen Vergleich der Koordinationsleistungen von Markt und Hierarchie zielen. Zum einen stellt sich heraus, dass Hierarchie als Ordnungsform trotz ihres schlechten Images durchaus Stärken und positive Leistungen vorzuweisen hat; zum anderen werden aber auch die komplementären Stärken der Marktform deutlicher hervorgehoben. Wenn wir nun hinzunehmen, dass Demokratie in wichtigen Hinsichten als Ordnungsform analog zum Marktmodell gebaut ist, dann lassen sich aus den Vergleichbarkeiten von Markt und Demokratie wichtige Einsichten in Schwächen und Stärken dieser Formen der Systemsteuerung gewinnen.

Sicherlich unterscheiden sich Demokratie und Markt als Steuerungsmodelle für die Koordination komplexer sozialer Systeme. Vor allem geht es im Fall des Marktes um die individuelle Verfolgung individueller Zwecke, während Demokratie die individuelle Partizipation an kollektiven Entscheidungen über kollektive Ziele meint. Da mich hier Markt ebenso wie Demokratie vorrangig als Modi der Systemsteuerung interessieren, betone ich eher die Gemeinsamkeiten der Makro-Effekte beider Steuerungsformen. Sie liegen in den *systemischen* Effekten einer dezentralen, verteilten Koordination, die sich in beiden Fällen nicht in bloßer Aggregation erschöpft, sondern in einer Transformation der unterliegenden Rationalität – auch wenn sie in beiden Fällen „hinter dem Rücken der Akteure" sich vollzieht. Beide Koordinationsformen erzeugen, wenn es gut geht, aus der Interaktion rationaler Egoisten dann ein Gemeinwohl oder „public virtues" im Sinne nicht-beabsichtigte Kollektivgüter, wenn erwartet werden kann, dass die Interaktionen sich kontinuierlich in eine absehbare Zukunft fortsetzen werden (Axelrod und Keohane 1985).

Gegenüber den durchaus vorhandenen und wichtigen Unterschieden zwischen den Formen Markt und Demokratie hebe ich also hier ihre grundlegenden Affinitäten hervor, ihre funktionalen und strukturellen Übereinstimmungen. Der Markt lässt sich verstehen als „demokratisches" Modell eines Güteraustausches (jeder Euro hat die gleiche Stimme), der von den Rücksichten auf Stand und Klasse, Moral und Religion, Familie und Freundschaft befreit und nach dem Prinzip „eine Person eine Stimme" organisiert ist. Demokratie lässt sich verstehen als Markt für politische Herrschaft, strukturiert nach dem Prinzip „eine Person eine Stimme" (bei der Bildung politischer Repräsentation). Auf diesem Markt konkurrieren „politische Unternehmer" um Anteile an der Übertragung öffentlicher Macht (Schumpeter). Tatsächlich hat die letztere Sichtweise zu einer weitverzweigten und in Teilen überzogenen „Ökonomischen Theorie der Demokratie" geführt.

Über diese Ähnlichkeit hinaus scheint eine wichtigere Affinität von Demokratie und Markt darin zu bestehen, dass es homologe Formen der Koordination sind, die prinzipiell durch Selbstorganisation, Dezentralität, verteilte Intelligenz, weitgehende Autonomie der Teilsysteme, inkrementale Entscheidungsfindung (Lindblom 1965), leichte Reversibilität der getroffenen Entscheidungen und insbesondere durch formale *Gleichheit* der Entscheider/Nachfrager/Konsumenten/Wähler gekennzeichnet sind. Zugleich sind beide Formen charakterisiert durch Kurzfristigkeit der Entscheidungslogik, Diffusität der Verantwortlichkeit, Anfälligkeit für Stimmungen, Moden, Trends und massenmediale Werbung und insbesondere eine immanente, schwer kontrollierbare Selbstgefährdung durch organisationale Verdichtung und Marktmachtbildung, die das konstituierende Prinzip des freien Wettbewerbs untergraben kann.

Demgegenüber setzt Hierarchie auf die jeweils andere Seite der Medaille, also auf Zentralisierung, hierarchisierte Intelligenz, Beschränkung der Autonomie der Teile, top-down Anweisungen als Form der Setzung von Entscheidungsprämissen, Blockierung der Reversibilität der Entscheidungen und insbesondere auf die formalisierte Ungleichheit der Mitglieder auf den unterschiedlichen Ebenen der Hierarchie. Entsprechend ist Hierarchie anfällig für ihr internes Gegenmodell der informalen Organisation, der Verwischung hierarchischer Grenzen und Stufen, der Aufweichung

Kriterium	Nutzen-formel	Interessen-orientierung	Form der Koordination	Entscheidungslogik
einseitige Dominanz	x > 0 oder y > 0	egoistisch-rational	Nicht-Koordination	Eigen-interesse
Pareto-Kriterium	x > 0 und y > 0	kompetitiv	negative Koordination	Interessen-ausgleich
Kaldor-Kriterium	x + Y > 0	kooperativ	positive Koordination	Problem-lösung

Abb. 1.3 Idealtypik der Kooperationsformen

klarer Verantwortlichkeit in „organisierter Unverantwortung" (Beck) und der Chaotisierung oder Lähmung durch Informationsüberflutung der Spitze.

Netzwerke als dritte Steuerungsform sind dadurch charakterisiert, dass sie bestimmte Elemente von Hierarchie und Markt mischen und dadurch eine flexible Verknüpfung von Bindung und Freiheit/Freiwilligkeit, top-down-Durchsetzung und bottom-up-Selbststeuerung oder Offenheit und Geschlossenheit erreichen. Im günstigsten Fall kombinieren Netzwerke die Stärken von Hierarchie und Markt. Nicht zufällig besteht daher ein Kernstück des Überganges von klassischem Regieren (‚government') zu moderner politischer Steuerung (‚governance') darin, dass die formalen Strukturen des Politiksystems zu einem Netzwerk aus öffentlichen und privaten Akteuren und Organisationen erweitert werden. (Diese Thematik wird in Kap. 3 ausführlicher behandelt).

Unterschiedliche Koordinationsformen oder Koordinationsregime haben also unterschiedliche Stärken und Schwächen (siehe als Überblick die folgende Abb. 1.3), und sie führen daher zu unterschiedlichen Ergebnissen. Eine wichtige Unterscheidung in diesem Zusammenhang ist diejenige zwischen negati-

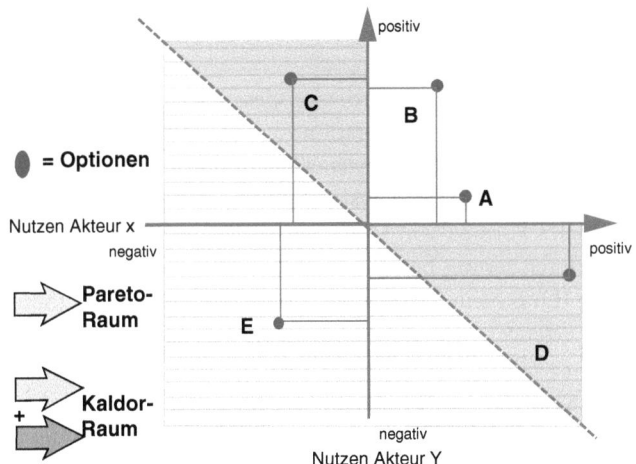

Abb. 1.4 Darstellung des Kooperationsproblems. (Quelle: adaptiert nach Fritz Scharpf 1993)

ver und positiver Koordination (Scharpf 1993c; Scharpf 2004, Abschn. 2.2.1.). Können sich die Teile/Beteiligten/Komponenten eines Systems nur auf den kleinsten gemeinsamen Nenner einigen, dann spricht man von einem Pareto-Optimum. Fritz Scharpf nennt dies negative Koordination. Eine positive Koordination ist erst dann erreicht, wenn sich die Komponenten/Beteiligten zu einem gemeinsamen übergreifenden Ziel zusammenfinden (Kaldor-Optimum). Und natürlich scheitert Koordination, wenn alle Teile eines sozialen Systems nur ihre eigenen egoistischen Ziele verfolgen (siehe dazu den Überblick in Abb. 1.4). Interessanterweise ist allerdings der Markt eine Form der Selbststeuerung, in welcher die Koordination „hinter dem Rück den Akteure" passiert, gerade wenn die Marktteilnehmer ihre eigenen egoistischen Interessen verfolgen. Sie fördern dadurch insgesamt das Gemeinwohl und stellen das Kollektivgut eines funktionierenden Marktes her.

1.2 Kooperation

Die zweite Leistung des Prozesses des Regierens besteht darin, die Bedingungen für Kooperation zu organisieren. Der Dreiklang von Systembildung, Systemsteuerung und Kooperation erscheint unvermeidlich, weil jede Systembildung (im Sinne der Evolution sozialer Formen von Gemeinschaften bis zu Gesellschaften) auf Differenzierung beruht. Differenzierung als soziale Arbeitsteilung (Durkheim 1988) und soziale Differenzierung (Simmel 1890) erzeugen die Notwendigkeit, die differenzierten Teile wieder zu einem Ganzen zusammen zu führen. Dies geschieht durch Kooperation. Gelingende Kooperation ist damit die Voraussetzung für die Stabilisierung einer erreichten und die Entwicklung einer erweiterten Differenzierung in sozialen Systemen. Die Systemtheorie hat die Idee der funktionalen Differenzierung nicht erfunden, sondern nur konsequent zu Ende gedacht. Was bei Adam Smith, Emile Durkheim und Georg Simmel als gesellschaftliche Spezialisierung, Arbeitsteilung und Verselbständigung der Sphären beginnt, endet in der Begrifflichkeit der Systemtheorie im Konzept der operativen Geschlossenheit gesellschaftlicher Funktionssysteme. Dies ist die Ausgangslage – und sie ist keine Lösung, sondern ein Problem.

Kooperation bezeichnet den Prozess des organisierten Zusammenwirkens unterschiedlicher Komponenten zu dem Zweck, ein gemeinsames übergreifendes Ziel zu erreichen. Wie das Wort selbst schon andeutet, geht es dabei darum, eine Mehrheit von *Operationen* in einen produktiven Zusammenhang zu bringen und auf ein gemeinsames Ziel auszurichten. Übliche Beispiele sind die verschiedenen Arbeitsgänge an einem Produktionsfließband, um ein komplexes Produkt, z. B. ein Auto, herzustellen; oder das Zusammenwirken der verschiedenen Abteilungen, Bereiche und Ressorts eines Unternehmens, um die Unternehmensziele zu erreichen; oder das Zusammenspiel der unterschiedlichen Rollen einer (traditionellen) Großfamilie, um eine

Kontinuität der Familie zu erreichen; oder die Integration der funktional differenzierten Teilsysteme einer Gesellschaft, der differenzierten Teilsysteme eines Organismus oder der unterschiedlichen Komponenten einer lebenden Zelle mit dem Ziel der Reproduktion der jeweiligen Systeme.

Sobald sich also in Systemen gleich welcher Art Arbeitsteilung, Spezialisierung und Differenzierung ausbildet, entsteht ein komplementärer Bedarf für Kooperation, um die Re-Integration des Ganzen zu gewährleisten (Willke 1987). Handelt es sich um Systeme, die in der Lage sind, Ziele zu formulieren und zu verfolgen (also Personen als psychische Systeme und organisierte Sozialsysteme wie Organisationen oder Gesellschaften), dann wird die Fähigkeit, Koordination zu organisieren und zu gewährleisten, zur vorausgesetzten Bedingung der Möglichkeit jeglicher Zielerreichung. In dem Maße, in dem Regieren bedeutet, kollektive Ziele zu setzen und möglichst auch zu erreichen, wird es zu einer zentralen Aufgabe jeder Form von Regierung, die Bedingungen der Möglichkeit gesellschaftlicher Kooperation zu gewährleisten.

Das klingt als abstrakte Formel vermutlich ziemlich plausibel. Genauer betrachtet wird es allerdings wieder diffizil, weil einer gelingenden Kooperation gewichtige Gründe entgegenstehen können. Das Grundproblem liegt darin, die differenzierten Teile dazu zu veranlassen, sich auf Kooperation einzulassen. Wenn alle Teile/Beteiligten nur ihren egoistischen Eigeninteressen folgen, dann gibt es keine Kooperation. Wenn sich alle Teile/Beteiligen nur auf den kleinsten gemeinsamen Nenner einigen können, dann ist dies eine Form der minimalen Kooperation; und erst wenn alle Teile/Beteiligten ihre Potentiale auf ein gemeinsames Ziel hin bündeln, kommt es zu einer optimalen Kooperation.

Robert Axelrod hat sich besonders um eine Aufklärung der Bedingungen für Kooperation verdient gemacht (Axelrod 1984; Axelrod 1997) und die Mechanismen und Stärken der Kooperation vor allem am Beispiel des Spiels ‚Tit for tat' aufgezeigt. Die Bedeutung diese Spiels als Computersimulation wird zwar wohl überschätzt, zumal sich die Erkenntnisse aus diesem Spiel kaum auf komplexe Gesellschaften übertragen lassen. Dennoch ist es als einfaches Grundmodell der Evolution von Kooperation lehrreich.

Einfach zu erzielen ist eine Kooperation, wenn beide Parteien (oder alle beteiligten Parteien) den gegenseitigen Vorteil erkennen. Viel schwieriger dagegen wird eine Kooperation, wenn die Verteilung der Nutzen und Kosten unklar ist oder wenn finanzielle Leistungen aufgeschoben werden, während die Kosten unmittelbar entstehen. In seiner Studie zur Evolution der Kooperation stellte Robert Axelrod drei Hauptfaktoren heraus, die die Kooperation – auch unter schwierigen Bedingungen – unterstützen und aufrechterhalten. Diese Faktoren sind 1) der Schatten der Zukunft (d. h. die Relevanz der Zukunft für die beteiligten Akteure), 2) die Möglichkeit eines Positivsummenspiels und 3) Kooperation als ein Lernprozess.

Besonders interessant wird Kooperation, wenn die Chance besteht, selbst bei Verlusten aus der gegenwärtigen Kooperation aus einer zukünftigen Kooperation Gewinne zu erzielen, welche die eingegangen Verluste übertreffen (siehe als Überblick Abb. 1.4). Diese Möglichkeit ist von großer praktischer Bedeutung. Sie erweitert den Raum möglicher Kooperation erheblich, indem Kooperation auch dann möglich und sinnvoll wird, wenn sie sich für einen oder einige der Beteiligten zunächst nachteilig auswirkt. Während also bei minimaler Kooperation nur der rechte obere Quadrant (in Abb. 1.4) als Kooperationsraum möglich ist, weitet sich dieser Raum bei optimaler Kooperation in die blau schraffierten Flächen des linken oberen und rechten unteren Quadranten aus. Prekäre Voraussetzung dafür ist allerdings das Vertrauen genau dieser Beteiligten darauf, dass zukünftige Kooperationen stattfinden, in welchen sie ihre Verluste nicht nur ausgleichen, sondern in Gewinne verwandeln können. Konkret (in Abb. 1.4): In Kooperationsfall C erleidet Akteur X eine gewissen Verlust (und Akteur Y einen Gewinn), der allerdings im nachfolgenden

Kooperationsfall D durch einen Gewinn überkompensiert wird, so dass sich für beide Akteure insgesamt die Kooperation lohnt.

Damit wird deutlich, dass eine Regierung – und darüber hinaus jedes Regime der Systemsteuerung – eine erhebliche Stärkung des Gemeinwohls erreichen kann, wenn es ihr gelingt, die von Axelrod genannten Bedingungen optimaler Kooperation zu gewährleisten. Ein Paradebeispiel dafür ist die Rolle der Regierung in der Steuerung/Nichtsteuerung des Tarifkonfliktes zwischen Gewerkschaften und Arbeitgeberverbänden. Ausgangspunkt ist die (etwa in Deutschland verfassungsrechtlich garantierte) Tarifautonomie der Tarifpartner. Sie bedeutet, dass die Politik in den Tarifauseinandersetzungen keine Rolle hat und sich heraushalten muss. Um aber destruktive Konflikte zu vermeiden und Möglichkeiten der Kooperation zu schaffen, kann die Regierung eine moderierende Rolle übernehmen, die vor allem darin besteht, Vertrauen für einen längerfristigen fairen Interessensausgleich zu schaffen. Genau dies ist z. B. in der Konzertierten Aktion der 1970er Jahre gelungen, ebenso wie in der Politik des Kurzarbeitgeldes während der auf die globale Finanzkrise folgenden Wirtschaftskrise in den Jahren 2008–2010. Im Gegensatz dazu sind etwa in Frankreich bis heute die Tarifauseinandersetzungen hochgradig konflikthaft und unterliegen einem Regime, das wenig Chance für Kooperation bietet – mit erheblichen negativen gesamtwirtschaftlichen Folgen.

1.3 Kollektivgüter

Ausgangspunkt einer Analyse der Bedeutung des Regierens für die Gewährleistung kollektiver Güter ist die klassische Unterscheidung zwischen öffentlichen und privaten Gütern von Robert Musgrave. Danach lassen sich Güter zum einen danach unterscheiden, ob ihr Konsum rivalisiert oder nicht, ob das Gut also nur entweder von A oder von B genutzt oder verbraucht

Tab. 1.1 Güterarten nach Musgrave

Konsum	Ausschluss	
	Möglich	Nicht möglich
Rivalisierend	*Privates Gut*	*Gemischtes Gut*
Nicht rivalisierend	*Gemischtes Gut*	*Öffentliches Gut*

werden kann; und zum anderen kann man Güter danach unterscheiden, ob ein Ausschluss vom Konsum (etwa durch Eigentum, Eingrenzung oder Beschränkung auf nur bestimmte Nutznießer) möglich ist oder nicht. Diese beiden Differenzen ergeben die folgende Vier-Felder-Tabelle 1.1 (Musgrave 1978, S. 57).

Gegenüber der Einteilung von Musgrave haben Malkin und Wildavsky argumentiert, dass die Differenz von privaten und öffentlichen Gütern nicht in irgendwelchen Wesensmerkmalen der Güter begründet ist, sondern ausschließlich in der autoritativen politischen Entscheidung, bestimmte Güter als Kollektivgüter und andere als private Güter zu definieren (Malkin und Wildavsky 1991). So werden etwa Güter wie Postdienste, Eisenbahndienste oder Telekommunikationsleistungen umdefiniert und nicht mehr als öffentliche, sondern als private Güter betrachtet. Umgekehrt könnte es sich als nötig erweisen, etwa bestimmte Qualitäten der natürlichen Umwelt als Kollektivgüter zu definieren. Auch wird eine konservative Politik andere Definitionen von privat und öffentlich setzen als eine sozialdemokratische oder eine grüne Politik. Vor allem aber gibt es inzwischen Mischformen, in denen öffentliche und private Aktivitäten zusammenspielen, um gemeinsam ein Gut zu gewährleisten.

Ein Beispiel: Den großen Pharmafirmen wird oft vorgeworfen, dass sie sich nicht um die Entwicklung von Medikamenten für Krankheiten kümmern, die in den armen Ländern vorkommen: vor allem Malaria, Tuberkulose und Lepra, aber auch HIV/Aids. Da die Entwicklung solcher Medikamente äußerst kostspielig ist, die armen Länder aber die entsprechenden Preise für die Medikamente nicht bezahlen können, ergibt es für die Pharmafirmen nach einer ökonomischen Rationalität keinen Sinn, in die Entwicklung entsprechender Medikamente zu investieren. Dennoch zu fordern, die Pharmafirmen sollten sich darum kümmern, ist schlicht pharisäisch. Ein aussichtsreicheres Modell wäre die Bildung von privat-öffentlichen Partnerschaften, in denen Forschung und Entwicklung staatlich finanziert werden und damit auch für kleinere und mittlere Pharmafirmen Anreize geschaffen werden, sich in der Forschung zu engagieren. Ähnliche Überlegungen sollten für die Entwicklung von Impfstoffen und für die Durchführung von Impfkampagnen in der Dritten Welt angestellt werden, da nur aus einem koordinierten Zusammenspiel von privaten und öffentlichen Akteuren, welche die unterschiedliche interne Logik beider Bereiche berücksichtigt, eine Verbesserung der gegenwärtig desperaten Lage zu erwarten ist.

Daraus folgt, dass die Dichotomie von privaten und öffentlichen Gütern erweitert werden muss um eine dritte Kategorie von Gütern, welche aus der prinzipiell gleichgeordneten Verhandlung zwischen privaten und politischen Akteuren als gemeinsam herzustellendes Gut resultiert. Ich nenne diese dritte Art von Gütern *kollaterale Güter*. Es sind Güter, an denen ein öffentliches Interesse besteht, deren Produktion auch eine Positiv-Summen-Bilanz erzeugt, deren Herstellung aber weder spontan auf dem Markt erfolgt, noch autoritativ von der Politik dekretiert werden kann.

Aus der Sicht des politischen Systems als des mit der Definitionskompetenz ausgestatteten Funktionssystems der Gesellschaft lässt sich die Unterscheidung wie in Tab. 1.2 dargestellt schematisieren.

Exemplarische Fälle kollateraler Güter sind die bereits genannten Medikamente und Impfstoffe für die armen Länder. Ein exemplarischer Fall für die entwickelten Länder, ist das gemischte, duale System der Berufsausbildung. Auf der einen Seite kann die Politik durch eine autoritative Entscheidung die Firmen nicht

Tab. 1.2 Arten von Gütern nach Rolle der Politik

Art des Gutes	Rolle der Politik
öffentliches Gut	Politik will und kann bereitstellen
privates Gut	Politik kann, will aber nicht bereitstellen
kollaterales Gut	*Politik will, kann aber nicht allein bereitstellen*

dazu zwingen, Lehrlinge vernünftig auszubilden, weil dies eine qualitative Leistung ist, die sich nicht mit Zwang durchsetzen lässt. Auf der anderen Seite produziert die Privatwirtschaft selbst keine gut ausgebildeten Lehrlinge, ja die Logik des Marktes verhindert dies sogar, denn eine Firma, die Geld für diese Leistung abzweigt, hätte gegenüber einer konkurrierenden Firma, die ohne diesen zusätzlichen Aufwand wirtschaftet, Wettbewerbsnachteile. Früher oder später müsste also die gemeinwohlorientierte, altruistische Firma vom Markt verschwinden. Das Dilemma lässt sich nur lösen, wenn beide Seiten, die öffentliche und die private, in einer bestimmten Weise zusammenarbeiten.

Aufgabe der Politik ist es, eine Rahmenordnung zu schaffen, die garantiert, dass *alle* einschlägigen Firmen Lehrlinge ausbilden (oder äquivalente Lasten tragen), so dass keine einzelne Firma Wettbewerbsvorteile hat, wenn sie sich vor dieser Aufgabe drückt. Die Rolle der Firmen ist es, mit Hilfe dieser Rahmenordnung eine Qualität der Ausbildung zu schaffen, welche die Leistungsfähigkeit der Wirtschaft insgesamt verbessert. Die für eine Gesellschaft schlechteste Lösung wäre eine Kombination von Politikversagen und Marktversagen, also gar keine Berufsausbildung, weil dann sowohl die einzelnen Arbeitnehmer wie die Wirtschaft insgesamt ein geringeres Ausbildungsniveau und deshalb eine geringere Produktivität hätten. Für die USA, die dieser schlechtesten Lösung nahekommen, formuliert die MIT-Commission on Industrial Productivity: „Although everyone sees the need for a better-skilled work force, no one is willing to act alone to improve education" (Dertouzos et al. 1990, S. 21).

Weitere Beispiele für kollaterale Güter sind die Vorsorge gegen bestimmte Gesundheitsrisiken wie Aids oder Drogenkonsum, die Vermeidung gefährlicher Abfälle, die Schonung der Umwelt, die adäquate familiale und quasi-familiale Versorgung von Kindern, die Nutzung Menschen- und umweltfreundlicher Technologien, die Nutzung gemeinschaftlicher Verkehrsmittel, die Erreichung eines möglichst hohen Bildungs- und Qualifikationsniveaus, die Schaffung neuer Schlüsseltechnologien, die Schaffung hochqualifizierter Arbeitsplätze etc. Auffällig ist an allen diesen Beispielen, dass es sich nicht um harte, leicht quantifizierbare und automatisierbare Güter und Leistungen handelt, sondern um bestimmte *Qualitäten* der individuellen, sozialen und natürlichen Welt und bestimmte *Qualitäten* des Verhaltens von Individuen und sozialen Systemen.

Wenn es eine der Kernaufgaben des Regierens ist, die für eine Gesellschaft relevanten Kollektivgüter zu bestimmen und für ihre Realisierung zu sorgen, dann liegt auf der Hand, dass mit einer sich vertiefenden Globalisierung und mit zunehmender Verdichtung globaler Zusammenhänge das Geschäft des Regierens schwieriger wird. Die Kategorie *globaler Kollektivgüter* sprengt die traditionellen, nationalstaatlich definierten Grenzen des Regierens. Globale Probleme wie die globale Finanzkrise, Klimawandel, nukleare Proliferation, Terrorismus, Wasser- und Landknappheit, regionale Unterentwicklung, Migration, globale organisierte Kriminalität und viele weitere machen deutlich, dass die Steuerungsleistungen der Nationalstaaten und ihrer Politiksysteme nicht mehr ausreicht, um den lokalen Folgen globaler Probleme wirksam gegensteuern zu können. Brauchbare politische Steuerung – und mithin brauchbares Regieren – setzt nun voraus, dass die Regierungen der Nationalstaaten in den unterschiedlichsten Konstellationen zusammenarbeiten, um global verursachten Problemen gemeinsam zu begegnen. Dies ist die

Stunde internationaler Vereinbarungen, transnationaler Einrichtungen und globaler Institutionen wie beispielsweise der WTO, der Weltbank oder der IAEA (Willke 2007; Willke 2009), und es ist die Stunde eines „Regierens jenseits des Nationalstaates" (Zürn 1998).

Während Nationalstaaten, selbst als moderne Demokratien, mit dem Monopol für die Ausübung legitimer Gewalt immer auch die Möglichkeit haben, kollektiv verbindliche Entscheidungen notfalls mit Gewalt durchzusetzen, fehlt diese Möglichkeit gänzlich im Bereich friedlicher internationaler Beziehungen. Hier müssen die Regierungen auf Vertrag, Konsens, Überzeugung und kollektive Nutzen setzen. Noch deutlicher als auf der Ebene der Nationalstaaten wird damit, dass Regieren im Sinne politischer Steuerung darin besteht, die Bedingungen der Möglichkeit für Koordination und Kooperation zu schaffen. *Global governance* (Willke 2006) heißt daher im Kern, für unterschiedliche Problembereiche in unterschiedlichen Konstellationen eine Fülle von Akteuren und Organisationen – vor allem Nationalstaaten, aber auch INGOs, globale Konzerne, Verbände, Bewegungen, ‚advocacy groups', Stiftungen, Politiknetzwerke etc. – auf einem Spielfeld zu versammeln, für das die Spielregeln, d. h. die Koordinaten und Bedingungen der Kooperation, erst konstruiert und beschlossen werden müssen. (Kapitel 3.1. wird sich ausführlicher mit dieser Thematik beschäftigen).

Die inhaltliche Bestimmung der für eine Gesellschaft relevanten Kollektivgüter ist historisch variabel und kontingent (Überblick etwa bei Zürn 1998, S. 37 ff.). Bekanntermaßen beginnt moderne Politik und mithin modernes Regieren mit der durch Thomas Hobbes inspirierten Überwindung von religiösen Bürgerkriegen, Chaos und Anarchie durch einen übermächtigen Leviathan als Aufgabe der inneren Pazifizierung. Dies ist der Staat, dem die Bürger ihre Rechte auf Selbstverteidigung überantworten und der damit das Monopol legitimer Gewaltausübung übertragen bekommt. Wohlgemerkt nicht durch Zwang, sondern

**Gesellschaftliche Problemlagen,
Staatsfunktionen, öffentliche Infrastruktur**

Staatsfunktion	Infrastruktur	Koordinationsproblem
Pazifizierung	macht-basierte Infrastruktur	Organisation der Macht
Redistribution	geld-basierte Infrastruktur	Organisation der Wohlfahrt
Gesellschaftssteuerung	wissens-basierte Infrastruktur	Organisation der Expertise

Abb. 1.5 Gesellschaftliche Problemlagen, Staatsfunktionen, öffentliche Infrastruktur

durch Vertrag! Mit der historischen Entwicklung des souveränen Staates zum Nachtwächterstaat, dann zum Sozialstaat und im 20. Jahrhundert in einigen Fällen zum Wohlfahrtstaat ändern sich die Bestimmungen der Kollektivgüter als Staatsfunktionen, Staatsziele oder Staatsaufgaben (Grimm 1994) vom Primat der Pazifizierung zum Primat der Redistribution. Mit der Heraufkunft des Supervisionsstaates (Willke 1997) und einer globalisierten Wissensgesellschaft (Stehr 1994; Willke 2002; Willke 2007) verändern sich die relevanten Kollektivgüter noch einmal grundlegend. Sie umfassen nun auch einerseits Güter wie Klima, Ökologie oder ein funktionierendes Finanzsystem, also Güter, die global bedroht sind, und andererseits Wissensziele, um einer bestandsgefährdenden Ignoranz – z. B. in der Klimaproblematik oder in dem Risiko von Pandemien – entgegen zu steuern. (Siehe als schematischen Überblick über die Veränderung der Funktionen des Regierens Abb. 1.5).

Die Regierungssysteme entwickelter Demokratien sind auf diese neuen Herausforderungen an das Regieren noch nicht eingestellt. Sie tun sich besonders schwer damit, Teile ihrer absoluten Souveränität aufzugeben und ihren Status als semi-souveräne Einheiten (Agnew 2005; Grande und Pauly 2005; Krasner 1999; Scharpf 2007) anzuerkennen – in gleicher Weise wie sich die Bürger schwer tun, sich gegenüber den übermächtigen Organisationen als bloß semi-souveränes Volk bescheiden zu müssen (Schattschneider 1975 (1960)). Angesichts drängender globaler Probleme muss aber eine unbeschränkte Souveränität der Einzelstaaten als Anachronismus bezeichnet und bewertet werden. Die Folgen für die Möglichkeiten und Grenzen des Regierens sind drastisch. Anstelle der „splendid isolation" souveräner Staaten und der daraus folgenden Anarchie internationaler Beziehungen tritt die wechselseitige Abhängigkeit der Nationen immer stärker in den Vordergrund und verlangt entsprechende Umstellungen in den Prozessen und Architekturen des Regierens (Abb. 1.5).

Bevor wir uns diesem Thema ausführlicher zuwenden, sind einige Überlegungen erforderlich, die erläutern, mit welche theoretischen Mitteln gearbeitet werden kann, um zu begründeten Aussagen über Regieren als politische Steuerung komplexer Gesellschaften machen zu können.

2
Theoretische Perspektiven

Unterschiedliche Theorien sehen und erklären die Welt unterschiedlich. Denn Theorien sind nichts anderes als die Beobachtungsinstrumente, mit denen wir eine Welt überhaupt als mehr oder weniger intelligibles Gebilde wahrnehmen und rekonstruieren können. Selbst wenn ich keine ausgearbeitete Theorie meinen Beobachtungen zugrunde lege, greife ich zwangsläufig auf Alltagstheorien zurück, die sich irgendwie im Laufe der Sozialisation in meinem Kopf gebildet haben. Ein theoretisch vorgezeichneter Zugang zur Welt ist also unvermeidlich. Wer immer als Theorieverächter glaubt, sich empirisch, praktisch, pragmatisch oder sonst wie unmittelbar eine Welt erschließen zu können, folgt dann immer noch zumindest seiner naiven Alltagstheorie möglicher Theorielosigkeit.

Die Bedeutung von Theorien als Beobachtungsinstrumente erschließt sich, wenn man sich vor Augen hält, dass Daten definiert sind als beobachtete Unterschiede, also immer Beobachtung voraussetzen. Zugleich sind es dann die Beobachtungsinstrumente, die definieren und festlegen, was als Beobachtung und mithin als Datum überhaupt möglich ist. Unsere Sinnesorgane definieren als Beobachtungsinstrumente, was unserem mentalen System als Welt zugänglich ist. Wenn unsere Augen nur bestimmte Farben sehen und unsere Ohren nur bestimmte Frequenzen wahrnehmen können, dann definiert dies die Grenzen unserer Welt. Erst wenn wir künstliche Beobachtungsinstrumente wie Mikroskope,

Teleskope, Röntgenapparate oder Magnetresonanztomographen konstruieren, haben wir Zugang zu anderen Daten und damit zu anderen Welten.

Theorien sind also Beobachtungsinstrumente, die Theoretiker konstruieren, um sich Beobachtungsmöglichkeiten zu schaffen. Es gibt eine endlose und weithin nutzlose Debatte darüber, was eine ‚gute' Theorie ausmacht. Ein relativ einfaches Prüfkriterium für die gesuchte Qualität einer Theorie ist die Antwort auf die Frage: Was kann ich mit dieser Theorie sehen, was ich mit anderen Theorien nicht sehen kann? Damit ist zwingend gesagt, dass Theorien keinen Wahrheitsanspruch haben können. Sie können nur eine bestimmte, selektive und begrenzte Sicht auf beobachtbare und beobachtete Phänomene ermöglichen, und genau darum sind alle Theorien selbst und ihre Ableitungen Konstruktionen, die mit anderen Theorien anders ausfallen müssen. Dies ist zugleich die Begründung für Konstruktivismus als epistemologische Prämisse (Foerster 1985; Glasersfeld 1985; Maturana 1982; Maturana et al. 1965).

2.1 Neo-Institutionalismus und institutionelle Analyse

Da es bereits Ende des 19. und Anfang des 20. Jahrhunderts eine ausgearbeitete anthropologische und soziologische Institutionentheorie gab, die insbesondere mit den Namen Herbert Spencer, Emile Durkheim, Maurice Hauriou, Max Scheler, Arnold Gehlen und später Helmut Schelsky verbunden ist, musste sich die Wiedererfindung der Institutionentheorie vor allem durch US-amerikanische Autoren als Neo-Institutionalismus (NI) bezeichnen. Neu daran ist im Verhältnis zur alten Institutionentheorie nicht viel, allerdings sehr viel im Verhältnis zu den in der Zwischenzeit dominant gewordenen Theoriesträngen des Behaviorismus und Rational Choice. Gegenüber diesen eher trivialen und mechanistischen Theorien brachte der NI tatsächlich insofern neue Beobachtungsmöglichkeiten, als nun die institutionelle Einbettung von Verhalten, Handeln und Kommunikation in den Blick genommen wurde. Der NI begann seien Karriere damit, dass er den Begrenzungen der Rationalität, die Max Weber als „eisernen Käfig" bezeichnete, als „iron cage" der Institutionen reformulierte, der vor allem durch staatliche Institutionen und Professionen gebildet sei: „We contend that the engine of rationalization and bureaucratization has moved from the competitive marketplace to the state and the professions" (DiMaggio und Powell 1983, S. 147).

Aufbauend auf den wichtigen Arbeiten von Herbert Simon zur begrenzten Rationalität (Simon 1978; Simon 1983) betonte der ökonomisch orientierte NI, dass es Institutionen sind, welche die Spielregeln definieren, innerhalb derer Handlungssequenzen und soziale Interaktionen ablaufen (North 1990a). Zentral für den NI ist allerdings nicht nur diese beschränkende Rolle von Institutionen, sondern ebenso sehr ihre ermöglichende Funktion. Sie ermöglichen nämlich nicht nur eine Reduktion von Transaktionskosten (siehe Kap. 1.1.), sondern sie dienen auch dazu, Ungewissheiten zu reduzieren, die ansonsten, ohne den Schutz durch Institutionen, den Prozess sozialer Transaktionen als Risiken, Nichtwissen oder Zufälle begleiten würden. Sie erleichtern also Transaktionen und Interaktionen, indem sie die Kosten der Kontrolle und Überprüfung von Verträgen (Vereinbarungen, Abmachungen, Erwartungen) verringern. Genau in diesem Sinne erleichtern sie Abstimmung und Kooperation.

Damit hat der NI eine deutliche Affinität zu den für Regieren besonders relevanten Aspekten der Koordination und Kooperation: „What has been missing from this (neo-classical) explanation is an understanding of the nature of human coordination and cooperation (North 1990a, S. 11). Much of new institutionalism is devoted do addressing this important aspect on individual and collective behavior. This is the theoretical focus of NIE (new institutional economics) that makes it particularly relevant for governance" (Chhotray und Stoker 2010, S. 57). Oliver Williamson bezeichnet Institutionen sogar als „mechanisms of governance" (Williamson 1996) und untersucht Steuerungsformen wie Hierarchie, Bürokratie, Markt oder daraus gemischte hybride Formen in vergleichender Absicht, um ihre Leistung für die Steuerung von Handlungszusammenhängen zu analysieren.

Wenn es zutrifft, dass Steuerung die Kernthematik allen Regierens ist, dann ist die allgemeinste Frage, die jede Theorie des Regierens zu beantworten hat, diese: Wie ist es überhaupt möglich, dass ein Kollektiv sich zu gemeinsamen Handeln (,collective action') zusammenfindet – und nicht gleich wieder auseinander fällt, weil einige die anderen ausbeuten oder einseitige Vorteile aus den gemeinsam erzeugten Gütern (Kollektivgütern) ziehen? Der Markt als Institution wirtschaftlicher Steuerung ist, wie Adam Smith argumentiert hat, eine geniale und zugleich paradoxe Lösung dieses Problems. Denn in einem funktionierenden Markt schaffen die Marktteilnehmer nicht durch Altruismus, sondern gerade durch ihren individuellen Egoismus ein gemeinsames Kollektivgut, nämlich eine optimale Allokation von Ressourcen. Die Steuerung funktioniert also „hinter dem Rücken der Akteure" durch die in den Markt eingebauten Mechanismen als Selbststeuerung.

Ganz anders stellt sich die Situation für den Fall politischer Steuerung dar. Da hier keine Mechanismen der Selbststeuerung wirken, wirkt sich die Konkurrenz um Macht, Ressourcen, Einfluss und Vorteile – anders als im Markt – nicht positiv aus, sondern sie führt zur paradigmatischen Situation einer „Tragödie der Gemeinschaftsgüter" („tragedy of the commons") (Hardin 1968; Willke 1986). Dies meint, dass jeder Beteiligte aus Eigeninteresse die Kollektivgüter maximal nutzt, bis sie ruiniert sind und alle den Schaden haben. Man denke nur an die Beispiele Umwelt,

Klima, Umgang mit Energieressourcen oder Überfischung der Ozeane. Die entscheidende Frage ist: Wie kann es gelingen, diese tragische Grundkonstellation zu überwinden und Institutionen zu etablieren, welche ein positives und produktives kollektives Handeln ermöglichen (Hale et al. 2013)?

Besonders eindrucksvoll hat sich Elinor Ostrom dieser Frage angenommen (und dafür 2009 den Nobelpreis für Ökonomie erhalten). Anders als eine lange Tradition politischer Steuerung, von Hobbes bis Hardin, beschränkt sie ihre Lösungsansätze nicht auf Fremdsteuerung durch staatlichen Zwang und institutionalisierte Gewalt, sondern bezieht Elemente und Formen der Selbststeuerung mit ein. Sie untersucht empirische Fälle kollektiven Handelns, in denen es gelingt, Regelsysteme aufzustellen, innerhalb derer die Beteiligten darauf vertrauen können, dass die Verteilung von Kosten und Nutzen fair ist und auch in die Zukunft fortgeführt werden wird.

Die seit einigen Jahren andauernden Turbulenzen der „Arabischen Revolutionen" in Nordafrika zeigen beispielhaft alle Formen des Gelingens und Misslingens politischer Steuerung durch Selbstbestimmung und Selbstorganisation einerseits, durch Gewalt, Zwang und externe Interventionen andererseits. Hier spielt sich das Drama der Etablierung von Formen und Institutionen des Regierens und des kollektiven Handelns mit ungewissem Ausgang ab, und dies belegt zugleich, dass es keine Garantie für eine Überwindung des Dilemmas kollektiven Handelns gibt. Elinor Ostrom hat gezeigt, „that not only can overcoming collective action problems ‚never be assured', given the strong temptation to act opportunistically that usually exists, but also that if individuals find rules that work relatively well, they may have little motivation to continue the costly process of searching for rules that will work even better" (Chhotray und Stoker 2010, S. 68).

Der NI-Ansatz hat seine Stärke und eine gewisse offensichtliche Plausibilität darin, dass er einen trivialen Behaviorismus und eine idealisierende Rational Choice Theorie dadurch korrigiert, dass er die Bedeutung von Institutionen für die vorgängige und kontextuelle Steuerung von Verhalten (‚behavior') und Wahl (‚choice') berücksichtigt. Diese Korrektur kann niemanden überraschen, der Theorietraditionen in Anthropologie und Soziologie auch nur oberflächlich kennt, denn dort spielten sehr früh bereits Institutionen eine tragende Rolle. Die britische Sozialanthropologin Mary Douglas, zum Beispiel, hat diese Tradition bis in die jüngste Vergangenheit fortgeführt und nachdrücklich die handlungsleitende (sowohl ermöglichende wie begrenzende) Bedeutung von Institutionen herausgestellt (Douglas 1986). Sie öffnet zugleich die Augen für einen Aspekt der Wirkung von Institutionen, der gerade Ökonomen und auch noch der NI nahezu gänzlich verschlossen geblieben ist, nämlich die Eigendynamik von Institutionen. Sind sie einmal etabliert, dann entwickeln sie ein Eigenleben, das für handelnde Personen zu überraschenden Folgen führen und bis zur Irrationalität und Hypokrisie des organisationalen Handelns reichen kann (Brunsson 1982; Brunsson 1989; Rorty 1980). In der traditionellen Soziologie ist diese Thematik aufgegriffen worden, wenngleich eher zögerlich (Mayntz und Nedelmann 1987) im Vergleich etwa zur Gruppendynamik, Managementtheorie oder Psychotherapie (Haley und Lynn 1967; Senge 1990; Wimmer 1999). Erst in der soziologischen Systemtheorie und in verwandten Gebieten wie etwa der systemischen Therapie kommt die Selbstreferenz und operative Geschlossenheit von Institutionen (und anderen sozialen Systemen) voll zum Tragen und wird zum Eckstein neuer Perspektiven und eines neuen Denkens über Steuerung (dazu Kap. 2.3).

Immerhin gibt es in der politikwissenschaftlichen und soziologischen Landschaft ein Aufgreifen und Fortführen des NI in der Form des vor allem von Renate Mayntz und Fritz Scharpf vertretenen „akteurzentrierten Institutionalismus". Diesem wenden wir uns nun zu.

2.2 Akteurzentrierter Institutionalismus

Trotz seines unhandlichen Namens geht dieser Ansatz von der überzeugenden Annahme aus, dass „die Analyse von Strukturen ohne Bezug auf Akteure genauso defizitär (bleibt) wie die Analyse von Akteurhandeln ohne Bezug auf Strukturen" (Mayntz und Scharf 1995, S. 46). Von vornherein schleppt diese Konzeption allerdings zwei Probleme mit sich herum, die ihr bis heute nachhängen. Zum einen bleibt unklar und unbegründet, warum im Namen eine Zentrierung auf Akteure annonciert wird, wenn es tatsächlich – und richtigerweise – um das Problem einer *Balance* und eines Wechselverhältnisses von Akteuren und Institutionen geht. Zum anderen, das ist das gewichtigere Problem, hebt sich der Ansatz von einer in Teilen missverstandenen soziologischen Systemtheorie ab, welcher er fälschlicherweise unterstellt, Akteure nicht zu berücksichtigen (dies wird in Kap. 2.3 weiter begründet).

In der Selbstbeschreibung des akteurzentrierten Institutionalismus (AzI) heben Mayntz/Scharpf hervor, dass der Ansatz an den politikwissenschaftlichen Neo-Institutionalismus anknüpft, sich aber in vier Punkten davon unterscheidet. Zum einen geht es ihm nicht nur um politische Institutionen, sondern um die Wirkungen institutioneller Kontexte im Allgemeinen, also beispielsweise auch um die handlungssteuernde Bedeutung von korporativen Akteuren und von Akteurkonstellationen. Er arbeitet mit einem engen Institutionenbegriff, wobei allerdings unklar bleibt, was dieser enge Begriff ausschließt. Weiter betrachtet er Institutionen sowohl als abhängige wie auch als unabhängige Variablen. Dies folgt unmittelbar aus dem zugrunde gelegten Verständnis eines wechselseitigen Beeinflussungsverhältnisses zwischen Akteuren und Institutionen, und widerspricht wiederum einer Zentrierung auf Akteure. Schließlich hebt sich der AzI dadurch vom Neo-Institutionalismus ab, dass er Institutionen keine determinierte Wirkung zuschreibt, sondern sie als stimulierende, ermöglichende und restringierende Handlungskontexte versteht (Mayntz und Scharf 1995, S. 43).

Von besonderer Bedeutung für die Thematik des Regierens ist die Steuerungstheorie, die aus dem Ansatz des AzI heraus entwickelt worden ist. Diese Steuerungstheorie umfasst politische Steuerung und gesellschaftliche Selbstregelung (Mayntz und Scharpf 1995). Empirisch befassten sich die Forschungen im Umkreis des von Mayntz und Scharpf geleiteten MPI für Gesellschaftsforschung mit Problemen, Möglichkeiten und Fehlentwicklungen der politischen Steuerung in unterschiedlichen staatsnahen Sektoren, von Forschungs- und Gesundheitspolitik über Verhandlungssysteme und Verbände bis zur Rolle von Standards und Ausprägungen unkoordinierten kollektiven Handelns (Mayntz und Scharf 2005, S. 237 f.). Diese empirischen Studien sind wichtige Beiträge zu einem vertieften Verständnis von Regieren als politische Steuerung komplexer Gesellschaften. Sie haben wesentlich dazu beigetragen, ein differenziertes und detailliertes Wissen über Steuerungsprobleme und die Grenzen und Möglichkeiten politischer Steuerung moderner Gesellschaften zu schaffen.

Zugleich ist der Ansatz des AzI davon geprägt, dass seine Vertreter die Luhmannsche Systemtheorie und eine dahinter vermutete Steuerungstheorie vehement ablehnen. Auf den ersten Blick ist dies verständlich, weil Luhmanns Theorie operativ geschlossener und gar autopoietischer (sich selbst reproduzierender) Systeme jede externe Steuerung auszuschließen scheint und daher den Imperativen politischer Steuerung diametral widerspricht. Ein zweiter Blick aber hätte zeigen können, dass diese Simplifizierung der Luhmannschen Theorie fehlgeleitet war. Allein schon die Kategorie der strukturellen Kopplung lässt selbst für operativ geschlossene Systeme externe Verstörungen zu, und damit Möglichkeiten der Beeinflussung von außen (Näheres dazu in Kap. 2.3.). Operative Schließung beinhaltet „Rekursivität, Orientierung an selbstproduzierten Eigenwerten, Selbstversorgung mit Gedächtnis und mit Oszillation im Rahmen eigener Unterscheidungen, also Herstellung und Fortschreibung einer eigenen Vergangenheit und einer eigenen Zukunft. Sie besagt nicht: Unabhängigkeit von der Umwelt" (Luhmann 2000a, S. 111).

Immerhin ist aus der etwas gewollten Konfrontation zwischen radikaler Steuerungsskepsis (Luhmann) und pragmatischer Steuerungsfähigkeit der Politik (AzI) die Spannung entstanden, die mich selbst dazu bewegt hat, auf einer systemtheoretischen Grundlage eine eigene Steuerungstheorie zu entwickeln (Willke 2001b), die auf einer Theorie systemischer Intervention gründet (Willke 1999). Die Verbindung zum Ansatz des AzI kann darin gesehen werden, dass für beide Ansätze „die Unwahrscheinlichkeit gelingender Steuerung" im Vordergrund steht, wenngleich die theoretischen Begründungen dafür sich scharf unterscheiden. Die analytische und empirische Herausforderung besteht für beide Ansätze darin, die Widerstände, Schwierigkeiten und Irrationalitäten politischer Steuerung genauer zu fassen und zu begründen.

In den späten und gegenwärtigen Arbeiten von Mayntz und Scharpf, etwa zur europäischen Politikkrise oder zur globalen Finanzkrise (Mayntz 2012; Scharpf 2012), stehen denn auch diese Aspekte deutlich im Vordergrund. Vermutlich ist in den aktuellen massiven Krisen wenig von den pragmatischen Erwartungen einer prinzipiellen Steuerungsfähigkeit und Steuerungskompetenz politischer Systeme übrig geblieben.

2.3 Systemische Steuerungstheorie

Jede Steuerungstheorie muss heute begreiflich machen, weshalb Steuerung für den Fall komplexer Systeme eine eigenständige Problem- und Fragestellung ist, die sich nicht mehr entlang der überkommenen Vorstellungen über die Steuerung trivialer Maschinen beantworten lässt. Es kommt darauf an, plausibel zu begründen, warum sich eine Steuerungstheorie sozialer Systeme weder in der Begrifflichkeit von Planungstheorien und eines autoritativen Staates, noch in den Begriffen der Theorien naturwüchsiger Evolution und eines selbst-organisierenden Marktes fassen lässt. In einer systemtheoretischen Sicht lässt sich *Steuerung weder auf externe Eingriffe noch auf interne Dynamiken alleine reduzieren*. Das theoretische Kernproblem jeder Steuerungstheorie ist deshalb die Fragen nach den möglichen Formen der geordneten Verschränkung von operativer Geschlossenheit und externer Anregung. Erst nach dieser Komplizierung besteht eine Chance, die vorherrschende Verengung des Denkens auf die Form Politik/Markt oder Fremdsteuerung/Selbststeuerung aufzubrechen.

In praktischer Sicht ist das Steuerungsproblem brisant, weil die Kunst der Systemsteuerung sich in einem erbärmlichen Zustand befindet und weil zugleich die Dringlichkeit praktischer Steuerungsprobleme wächst. Ob Familiensysteme, Organisationen oder Gesellschaften, ob Abteilungen, gesellschaftliche Funktionssysteme oder globale Kontexte – auf jeder nur denkbaren Ebene nehmen die Steuerungsprobleme zu, und die Steuerungskapazitäten können nicht Schritt halten. Jüngste Krisen wie die globale Finanzkrise, die Euro-Krise oder die der „Arabischen Revolution" folgenden Krisen der nordafrikanischen Länder zeigen auf internationaler Ebene, wie schwierig die Steuerung komplexer Probleme ist. Vergleichbares gilt auf nationaler Ebene für eine Unzahl gesellschaftlicher Problemlagen, vom Drogenproblem über die Technologiesteuerung bis zur vielfältigen Selbstgefährdung durch Umweltzerstörung und durch einen Raubbau an natürlichen und menschlichen Ressourcen.

Vielleicht am erstaunlichsten an der Situation der modernen Gesellschaften ist, dass ungeheuer viele und vielfältige Programme, Initiativen, Projekte, Modellversuche und Veränderungsvorhaben in Gang gesetzt werden, ohne dass dies eine tiefsitzende

Steuerungsskepsis überwinden könnte. Akteure und Publikum, Betreiber und Betroffene erwarten oft gar nicht, dass substantielle Verbesserungen erreicht werden. Die Verhältnisse, sie sperren sich – ohne dass sich genauer sagen ließe, was diese Verhältnisse so undurchschaubar und unveränderbar macht.

All dies nährt die Vermutung, dass nicht einzelne Steuerungsfehler Erfolge im Sinne gelingender Systemsteuerung verhindern. Vielmehr scheint unser Verständnis des Problems der Steuerung komplexer Sozialsysteme insgesamt mangelhaft zu sein. Wäre diese Vermutung richtig, dann wäre klarer, warum es so wenig nützt, an den praktizierten Steuerungskonzeptionen herumzubasteln und sie im einen oder anderen Detail zu überarbeiten. Wenn Ökonomen, Politiker, Unternehmer oder Gewerkschafter jeden Monat neue Vorschläge zur Bekämpfung der Arbeitslosigkeit machen, sich aber über Jahre hinweg die Lage etwa für Langzeitarbeitslose oder für Migranten eher verschlechtert, dann ist zu befürchten, dass das ganze vorherrschende Modell der Steuerung des Arbeitsmarktes nichts taugt. Wenn über Jahrzehnte hinweg die globale Entwicklungspolitik hauptsächlich viele kleine und einige große Katastrophen produziert, dann sollte sich irgendwann die Frage stellen, ob die vorherrschende Konzeption von Entwicklung überhaupt irgendetwas mit der Realität komplexer Sozialsysteme im Kontext fremder Kulturen zu tun hat.

Sicherlich kann man auch penetrante und andauernde Misserfolge politischer Steuerung damit erklären und entschärfen, dass eben die Instrumente politischer Steuerung verbessert werden müssten. An die Wurzeln des Übels gelangt man damit nicht. Auch vierzig Jahre nach der Veröffentlichung der Analysen zu „Grenzen des Wachstums" (Meadows 1972) hat sich die Steuerungsfähigkeit der relevanten politischen Systeme eher verschlechtert als verbessert. Daher erscheint es wenig plausibel, dass es an der Qualität der Instrumente liegt. Zugrunde liegt eher ein fundamentales Unverständnis der Bedingungen möglicher politischer Intervention und der Möglichkeiten der Steuerung von komplexen Funktionssystemen der Gesellschaft. Ein Faktor dabei sind die „hochgradig illusionären und zugleich äußerst wirksamen (weil motivierenden) Kausalvorstellungen des politischen Handelns. Und nur dank dieser Illusion, die zur Selbstzurechnung führt, kann man überhaupt von politischem *Handeln* sprechen" (Luhmann 2000a, S. 24).

Im Folgenden sollen einige Punkte skizziert werden, in denen sich die moderne sozialwissenschaftliche Systemtheorie von bisherigen Theorien politischer Steuerung unterscheidet und mit denen sie beansprucht, ein besseres Verständnis der Steuerungsprobleme komplexer Systeme zu ermöglichen. Die auf politische Steuerung bezogen wichtigsten Punkte sind a) das Verhältnis von Offenheit und Geschlossenheit von Systemen, b) die Bedeutung der kommunikativen Konstitution sozialer Systeme, und c) die Form möglicher Beziehungen zwischen operativ geschlossenen Systemen.

Dass soziale Systeme wie Familien, Organisationen, Kirchen, Institutionen, Kulturen und ganze Gesellschaften eigendynamisch und eigen-sinnig werden, ist nicht erst eine Beobachtung der Systemtheorie. Der Institutionalismus in seinen verschiedenen Ausprägungen ist Beleg dafür, dass verfestigte soziale Gebilde wie Institutionen, Kulturmuster oder Regelsysteme den Optionenraum möglichen Handelns definieren und damit zugleich eröffnen und einschränken. Institutionen und andere soziale Systeme bilden im Laufe ihrer Geschichte einen eigenen ‚Sinn', eine eigene Logik und damit eine Eigendynamik aus, innerhalb derer sich die Kommunikationen und das Handeln der Mitglieder oder Betroffenen einrichten muss. Mary Douglas hat dies besonders eindringlich beschrieben:

> Institutions systematically direct individual memory and channel our perceptions into forms compatible with the relations they authorize. They fix processes that are essentially dynamic, they hide their influence, and they rouse our emotions to a standardized pitch on

standardized issues. Add to all this that they endow themselves with rightness and send their mutual corroboration cascading through all the levels of our information system. No wonder they easily recruit us into joining their narcissistic self-contemplation. Any problems we try to think about are automatically transformed into their own organizational problems (Douglas 1986, S. 92).

Mary Douglas kann sich auf anthropologisches und ethnografisches Material berufen, aber auch auf eine Fülle soziologischer Analysen insbesondere zur Rolle von „Wissenswelten", von Ludwik Fleck und Emile Durkheim über Robert Merton bis zu Nelson Goodman und Howard Becker. Ihre Definition von Institution lautet:

Institution will be used in the sense of legitimized social grouping. The institution in question may be a family, a game, or a ceremony. The legitimating authority may be personal, such as a father, doctor, judge, referee, or maître d'hôtel. Or it may be diffused, for example, based by common assent on some general founding principle (Douglas 1986, S. 46).

Schließt man in Mary Douglas sehr offener und unspezifischer Definition von Institution für den Fall moderner Gesellschaften alle sozialen und symbolischen Systeme von gesellschaftlichem Gewicht ein, dann macht sie auf den wichtigen Punkt aufmerksam, dass es Kommunikationssysteme im Sinne von Systemen kollektiven Wissens sind, welche die primordialen Kategorisierungen einer Gesellschaft leisten. Es sind diese Sinnsysteme, welche die Leitdifferenzen etablieren, an denen sich der weitere, differenzierte Sinn der sozialen und symbolischen Systeme entfaltet. Daran partizipieren dann Personen mit ihrem Bewusstsein und ihrem individuellen Wissen. Sie selbst belegt dies am Beispiel der Konstruktion von *Ähnlichkeit* („similarity or resemblance"): „It is naive to treat the quality of sameness, which characterizes members of a class, as if it were a quality inherent in things *or as a power of recognition inherent in the mind*" (Douglas 1986, S. 58, Hervorhebung H.W.).

Einige Zeit vor Mary Douglas hat Ernst Cassirer die elementaren Formen der Orientierung in der Welt bis in die Ursprünge der Mythen hinein verfolgt. Er macht im Anschluss an eine weitläufige Literatur deutlich, dass die Leitdifferenzen der Orientierung in Raum, Zeit und Welt tief im mythischen Denken verankert sind und der Logik der Mythen folgen, lange bevor eine objektive oder rationale oder wissenschaftliche Logik sich als „sekundäre Formung" an einer anderen Ordnung der Phänomene versucht. Besonders eindrucksvoll ist seine Beschreibung der Idee des „templum" in der Bedeutung von Grenze, Schwelle oder Ausgeschnittenem, an welcher eine ganze Kaskade von grundlegenden Orientierungen anknüpft:

> Denn templum (griechisch τέμενοζ) geht auf die Wurzel τέμ ‚schneiden' zurück; bedeutet also nichts anderes als das Ausgeschnittene, Begrenzte. In diesem Sinne bezeichnet es zunächst den heiligen, den dem Gott gehörigen und geweihten Bezirk, um dann in weiterer Anwendung auf jedes abgegrenzte Stück Land, auf einen Acker oder eine Baumpflanzung überzugehen, mag sie nun einem Gott oder einem König und Helden gehören …. Auf ihm (hier: der Begriff templum) beruht die Entwicklung des Begriffs des Eigentums und der Symbolik, durch die das Eigentum als solches bezeichnet und beschützt wird. Denn der Akt der Grenzsetzung, der Grundakt der ‚Limitation', durch den erst im rechtlich-religiösen Sinne ein festes Eigentum geschaffen wird, knüpft überall an die sakrale Raumordnung an. (Cassirer 2002, S. 117 f.).

Das Setzen einer Grenze setzt elementare Differenzen in Gang, in diesem Falle die Unterscheidungen von innen und außen, von heilig und profan, von Eigentum und Nichteigentum. Darauf können sich Kommunikationssysteme aufbauen, „indem sie räumliche Grenzen durch sinnhafte Unterscheidungen ersetzen"

(Luhmann 1997, S. 124), aber auch dadurch, dass sie hochspezifische Sinngebilde über räumliche Metaphern erlebbar und begreifbar machen.

Nicht zufällig erinnert der Ursprung der Differenzen in den Mythen an die gar nicht mythisch gemeinte, aber mythisch anmutende erste, fundierende Operation, die Spencer Brown setzt, um ein Universum zu schaffen: „Draw a distinction" (Spencer Brown 1979). Der archaische Mensch orientiert sich in seiner Welt (einschließlich Raum und Zeit), indem ihm die Mythen die wichtigsten Kategorien und Klassifikationen als Unterschiede erklären. Dies gilt für innen/außen, hell/dunkel, oben/unten, heilig/profan, roh/gekocht, tot/lebendig, gut/schlecht und viele weitere Differenzen, die der einzelne Mensch genau so wenig erfindet wie er Sprache erfindet. Die Erklärungen der Differenzen mögen noch so phantasievoll sein und einem rationalen und aufgeklärten Denken fremd anmuten. Sie erfüllen ihre Aufgabe der sinnhaften Erklärung der Welt und der Abwehr der „Fatalität des Ganzen" (Cassirer 2002, S. 106) über Jahrtausende – und nicht wenige wirken bis heute.

Vor diesem Hintergrund erscheint es geradezu als Fortsetzung einer langen Tradition, wenn die soziologische Differenzierungstheorie die Ordnung der modernen Gesellschaft als *Ordnung aus Differenzen* erklärt. Die unterschiedlichen Leitdifferenzen der Funktionssysteme ordnen als basale binäre Codes den Optionenraum ihrer Bereiche als spezialisierte Leistungsfelder der Gesellschaft. Sie klassifizieren und sortieren die Fülle anfallender Kommunikationen nach den Relevanzkriterien der Leitdifferenzen und füttern so die nachgeordneten Programme mit dem Material, das die Reproduktion der Funktionssysteme als Kommunikationssysteme in Gang hält.

Dadurch reproduziert sich zugleich die Gesellschaft insgesamt. In den Leitdifferenzen der Funktionssysteme kondensieren die Mythen der Moderne. Sie steuern in der Gegenwart die Ordnung möglicher Kommunikationen so wie die alten Mythen die

Ordnung archaischer Kommunikationen steuern. Sie symbolisieren die Einheit der Funktionssysteme und imaginieren in ihrem Zusammenspiel eine Einheit von Gesellschaft, die Voraussetzung für die Sinnhaftigkeit und Vernunft des Ganzen ist (ausführlich dazu Willke 2005).

Für den Fall des politischen Systems einer modernen Gesellschaft lässt sich diese Differenzbildung, Ausdifferenzierung, Autonomisierung und Ausbildung einer Eigendynamik genauso klar beobachten wie in den anderen Funktionssystemen einer funktional differenzierten Gesellschaft (Luhmann 2000a, S. 14 ff.). Dies ist über alle gängigen Theorien hinweg heute praktisch unbestritten. Umstritten sind dagegen sowohl die Begründungen wie auch die Schlussfolgerungen aus diesem Befund. In einer systemtheoretischen Perspektive geht die Begründung weit zurück in die Grundlagen der Konstitution des Sozialen. Soziale Systeme werde nicht als Ansammlungen von Menschen verstanden, sondern als historisch gewachsene, kondensierte und verfestigte Kommunikationsformen, also nicht als Akteurkonstellationen sondern als Kommunikationskonstellationen.

Hinter dieser Annahme steht allerdings eine radikalisierte Konzeption von Selbstreferenz und operativer Geschlossenheit komplexer Systeme. Dies stellt auch klar, dass die moderne Systemtheorie und die aus ihr abgeleitete Steuerungstheorie nicht nur mit dem Namen Luhmann verbunden sind, sondern ein weites Feld von Autoren und Konzeptionen umfassen, die sich aus ganz unterschiedlichen Richtungen und auf unterschiedlichen Feldern mit den Problemen von Selbstreferenz, operativer Geschlossenheit, Autopoiese, Systemdynamik und Systemsteuerung beschäftigt haben. Da hier die Einzelheiten nicht ausgebreitet werden können, seine nur die wichtigsten Namen genannt, die entscheidende Impulse beigetragen haben: Neben Luhmann also vor allem Ferdinand de Saussure, Heinz von Foerster, Manfred Eigen, Paul Watzlawik, Gregory Bateson, Humberto Maturana, George Spencer Brown, Jay Forrester, Karl Weick und Peter

Senge. Von den jüngeren Autoren, welche die Systemtheorie in verschiedene Disziplinen hinein weiterentwickelt haben, sind vor allem Gunther Teubner (Recht und globalisiertes Recht), Dirk Baecker (Ökonomie und Kultur) und Rudolf Stichweh (Geschichte und Weltgesellschaft) zu nennen.

Die Grundidee von Selbstreferenz lässt sich am anschaulichsten an den Fällen der lebenden Zelle und des mentalen Systems von Menschen darstellen. In einer lebenden Zelle laufen Myriaden von auto-katalytischen Produktionsprozessen ab, in denen die Zelle die Komponenten produziert, aus denen sie besteht. Diese „hyperzyklische" Selbstreferenz hat Manfred Eigen im Modell des Hyperzyklus beschrieben (Eigen 1971; Eigen und Schuster 1979) und Maturana für den Fall von Organismen zur Idee der Autopoiese fortgeführt (Maturana 1981; Maturana 1982). Wichtig ist, dass in beiden Fällen, ob Zelle oder Organismus, operative Geschlossenheit nicht Autarkie meint, also selbstverständlich Einflüsse der Umwelt wirken und etwa Nahrung, Energie oder Daten aus der Umwelt Eingang in das System finden. Entscheidend ist, dass alle diese externen „Dinge" nach den vom System gesetzten Kriterien selegiert und ausschließlich in internen Operationen und damit in der Logik des Systems im System verarbeitet werden. Eine Zelle oder ein Frosch nimmt also nicht irgendetwas aus seiner Umwelt auf, sondern nur das, was die Systeme benötigen und zulassen.

Vielleicht noch deutlicher wird dies am Beispiel des mentalen Systems. Denn es ist ja ziemlich offensichtlich, dass Gedanken nicht einfach von außen – etwa per Nürnberger Trichter – in das Gehirn hineinkommen. Vielmehr wird das Gehirn ausschließlich mit Nervenimpulsen gefüttert, die ihrerseits ausschließlich von den vorhandenen Sinnesorganen produziert werden. Schon das Gehirn des Frosches bekommt nur das zu „sehen", was das Auge des Frosches zu liefern in der Lage ist (Maturana et al. 1965). Beim Menschen liegen die Dinge nicht anders. Gedanken bilden sich in den neuronalen Netzwerken des mentalen Systems nach der Logik dieses Systems und „denkbar" ist nur, was sich in der Logik des mentalen Systems darstellen lässt. Da von außen keine fertigen Gedanken angeliefert werden, sondern nur relativ einfach gebaute Nervenimpulse, ist die ganze Konstruktionsarbeit, die dann zu Gedanken, Gedankengebäuden und etwa zu Theorien führt, dem mentalen System selbst überantwortet und nur in dessen spezifischer Operationsweise zu verstehen (Luhmann 2002: fünfte Vorlesung).

Während komplexe selbstreferentielle Systeme wie Zellen, Organismen oder mentale Systeme sehr anschaulich sind und sich deren operativ geschlossene Existenz und Arbeitsweise leichter erschließt, fällt dies offenbar bei sozialen Systemen deutlich schwerer. Dahinter steht die massive Schwierigkeit, Sprache, Denken und Kommunikation als einen Zusammenhang zu begreifen, der zugleich in seinen unterschiedlichen Komponenten wie auch als notwendiges Zusammenspiel verstanden werden muss, sich also nur als Einheit der Differenz erschließt. Vereinfacht lässt sich der Zusammenhang so formulieren, dass Denken nur in der Form der Sprache möglich ist und zugleich Sprache Denken voraussetzt, also Sprechen und Denken sich ko-evolutionär entwickelt haben müssen (Deacon 1997). Alles was wir denken können, muss in der Form der Sprache ausgedrückt werden, und nur das was sich in die streng geregelte Form der Sprache bringen lässt, lässt sich denken. Anschaulich wird dies etwa an der Transformation von implizitem zu explizitem Wissen: Eine Erfahrung ist zunächst nur implizites Wissen, das irgendwo und irgendwie im Körper und im mentalen System vorhanden ist. Sich über diese Erfahrung „klar zu werden", sie also explizit zu machen, heißt, sie in die Form der Sprache zu bringen. Erstaunlicherweise ist dies oft harte Arbeit und fällt vielen Menschen schwer (Willke 2011a, S. 36 ff.).

Die nächste Schwierigkeit liegt darin, dass Sprache sich nur in einer sozialen Konstellation entwickeln konnte und nur als soziale Operation des „Sprechens miteinander" Sinn ergibt. Diese soziale Operation des Sprechens nennen wir Kommunikation. Insgesamt ergibt sich ein überaus kompliziertes Gebäude von verschiedenen Bestandteilen – Denken, Sprache und Kommunikation -, die einerseits gänzlich unterschiedliche selbstreferentielle symbolische Systeme sind und andererseits nur als Zusammenspiel ihre jeweilige Funktion erfüllen. Ohne hier ins Detail gehen zu können (ausführlich dazu Willke 2005), soll festgehalten werden, dass Kommunikation auf Denken und Sprache beruht, also zwingend an Menschen als Personen angebunden ist, sich zugleich notwendig als soziale Operation erweist, die dann eigenen sozialen Regeln folgt und damit eine eigene, von mentalen Systemen und Sprache unabhängige Logik etabliert, die Logik kommunikativer Muster und Strukturen. Genau in diesem Sinne betrifft die strukturelle Kopplung von Bewusstsein und Kommunikation über Sprache „die außergesellschaftliche Umwelt" (Luhmann 2000a, S. 382), verbindet also an einschneidender Stelle die Menschen mit dem Sozialsystem Gesellschaft.

Dies bedeutet, dass bei Kommunikation Menschen immer beteiligt sind, und zwar notwendig und unabdingbar. Der oft gehörte Vorwurf gegen die Systemtheorie, sie schließe den Menschen aus, weil sie auf Kommunikation fokussiere, ist daher blanker Unsinn. Allerdings steuern Menschen die Kommunikation nicht und schon gar nicht determinieren sie sie. Denn zusätzlich zu den möglichen Intentionen von Menschen als Akteuren kommen die Gesetzmäßigkeiten von Sprache und Denken ins Spiel, und vor allem die Gesetzmäßigkeiten und Logiken etablierter Kommunikationsmuster, die von flüchtigen Konventionen bis zu historisch stabilen Institutionen reichen.

Der entscheidende Unterschied zwischen handlungs- und akteurorientierten Steuerungstheorien einerseits und einer systemtheoretischen Steuerungstheorie andererseits liegt nun darin, wie diese Eigenständigkeit und Eigenlogik kommunikativer Strukturen rekonstruiert und interpretiert wird. In systemtheoretischer Sicht gibt es Formen der Kommunikation, die sich zu stabilen

Architekturen aufbauen, angefangen von Erwartungen, die sich über wiederholte und konfirmierte Kommunikationen bilden, über Erwartungserwartungen, Episoden, Geschichten, Themen und Themenkomplexe bis zu stabilen Traditionen, epistemischen Kollektivbildern, Kulturmustern, Institutionen etc. Bestimmte Formen können durch Wiederholung und Konfirmation zu Semiologien von Zeichen und zu Semantiken von Formen gerinnen und eine gewisse Stabilität und mithin Wahrscheinlichkeit der Wiederverwendung erreichen, in der „eine positive Semantik des akzeptierten Sinnes entsteht, die in einem Prozess der Wiederverwendung, der Verdichtung, der Abstraktion gleichsam reift" (Luhmann 1997, S. 317). Während einzelne Kommunikationen, etwa einzelne Sätze, im nächsten Augenblick schon nicht mehr existieren, also alles andere als stabil sind, gibt es Musterbildungen der Kommunikation, die – wie etwa Religionen, Herrschaftssysteme, Verfassungen oder Wirtschaftssysteme – historische Dimensionen der Stabilität erreichen können.

Sie erreichen dies, indem themenzentrierte Kommunikationen sich immer stärker aufeinander beziehen, also rekursiv und selbstreferentiell werden. Die Fortsetzung dieser Kommunikationen verstrickt sich zunehmend in Pfadabhängigkeiten, die von den Pfaden des Kommunikationssystems selbst gesteuert werden, weil man in weiteren Kommunikationen auf vergangene Kommunikationen Bezug und Rücksicht nehmen muss – schon um nicht immer wieder neu anfangen und alles neu bestimmen zu müssen. Wenn wir von diesen bescheidenen Anfängen der kommunikativen Verselbständigung sozialer Themenkomplexe den gewaltigen Sprung in moderne, funktional differenzierte Gesellschaften machen, dann ergibt sich folgendes Bild. Die großen Themenkomplexe des gesellschaftlichen Lebens wie Regieren, Wirtschaften, Heilen, Glauben, Lernen, Forschen, Lieben, Kreieren (Kunst) und sogar Reisen (Tourismus) oder Sport treiben (Sportsystem) bilden in langen gesellschaftsgeschichtlichen Prozessen Spezialthemen, Spezialsemantiken und schließlich Spezialsprachen aus, die sich immer deutlicher von anderen Semantiken unterscheiden, selbstreferentiell auf sich selbst Bezug nehmen, sich durch spezifische Bedeutungen abschotten und sich am Ende zu operativ geschlossenen Kommunikationssystemen verdichten.

Dieses „am Ende" lässt sich historisch ziemlich genau bestimmen. Es ist, mit Max Weber gesprochen, die Vollendung der funktionalen Differenzierung frühmoderner Gesellschaften im Übergang zur Neuzeit, als sich im Protestantismus und Calvinismus auch noch die religiöse Lebensführung der Rationalisierung unterwarf und damit das vorneuzeitliche Modell der Gemeinschaft durch die Form der arbeitsteiligen Gesellschaft abgelöst wurde. In der Folge trennen sich die gesellschaftlichen Funktionsbereiche immer deutlicher, spezialisieren sich damit auf eine bestimmte Funktion und auf bestimmte Leistungen für ihre Gesellschaft. Sie bilden eigene spezialisierte Organisationen und Rollenduale aus, etablieren eigene Kommunikationsmedien als Spezial- und Hochleistungssprachen, und schärfen ihre Eigenlogik, indem sie diese unter eine extrem selektive „Leitdifferenz" stellen, die das meiste ausschließt und nur ganz Spezifisches als systemisch relevant markiert (Luhmann 2000b, 69 ff.).

Ein Beispiel: Das politische System moderner Gesellschaften wird zum einzigen Teilsystem, welches die Funktion des Regierens übernimmt, also politische Steuerung ausübt, vor allem indem es kollektiv verbindliche Entscheidungen herstellt und durchsetzt. Es bildet als spezialisierte Organisationen politische Parteien aus und definiert mit Wählern (Bürger) und Gewählten (Repräsentanten) das spezifische Rollendual demokratischen Regierens. Mit der Monopolisierung legitimer Gewaltausübung wird Macht zum symbolisch generalisierten Kommunikations- und Steuerungsmedium (Luhmann 1976; Willke 2005). Die einschneidende Leitdifferenz des Regierens wird die Form Macht/Ohnmacht und für demokratisches Regieren die Form Mehrheit/Minderheit oder Regierung und Opposition. Was unter den Schirm dieser Formen gebracht werden kann, ist Politik, alles andere geht an der Logik der Politik vorbei. Die binäre Codierung macht alle Medien zu Einrichtungen, die Kommunikationen nach internen Mustern und Prävalenzen steuern: „Über Codes erreichen Systeme eine Umverteilung von Häufigkeiten und Wahrscheinlichkeiten im Vergleich zu dem, was an Materialien oder Informationen aus der Umwelt anfällt. Ob kommunikativ bejaht oder verneint wird, hängt dann nicht mehr direkt von Vorkommnissen in der Umwelt, sondern *von intern steuerbaren Prozessen der Selektion* ab" (Luhmann 1975, S. 172).

Wohlgemerkt: Dies bedeutet nicht, dass alles andere irrelevant wäre. Viele Kritiker der Systemtheorie erliegen diesem Irrtum. Vielmehr meint dies, dass alle externen Ereignisse, die sich für die Politik interessant und relevant darstellen wollen, gezwungen sind, sich im Rahmen der Leitdifferenz der Politik zu präsentieren – genauso wie sich alles, was wirtschaftlich relevant sein soll, sich in der Leitdifferenz von Zahlung/Nichtzahlung präsentieren muss, um von einer ausdifferenzierten Ökonomie wahrgenommen werden zu können.

Indem die Leitdifferenzen der Funktionssysteme Selektionswirkungen zugunsten nur einer Seite der Differenz ausüben und damit in den Anschlusssequenzen von Kommunikationen Präferenzen für nur eine der beiden Seiten der Differenz setzen, „was immer im individuellen Bewusstsein dabei vor sich gehen mag" (Luhmann 1997, S. 321), steuert die Kommunikation der Funktionssysteme sich selbst gegen die Wahrscheinlichkeit gleich verteilter Chancen auf Anschluss oder Nichtanschluss auf der Ebene des Sozialsystems und damit zugleich auf Annahme oder Ablehnung auf der Ebene von Personen.

An dieser schwierigen Konstruktion erweist sich, dass Personen über symbiotische Mechanismen oder „symbiotische Symbole" (Luhmann 1997, S. 378) an die Arbeitsweise der Steuerungsmedien angekoppelt bleiben. Dadurch verlängern sich sehr allgemeine motivationale Präferenzen, etwa für Eigentum, für Macht oder für Wahrheit (und *nicht* für Nichthaben, Ohnmacht oder Unwahrheit), in die Muster der Kommunikation hinein. Auch jenseits dieser Grundausrichtung der Leitcodes von Funktionssystemen spricht alles dafür, dass Präferenzen und Intentionen von Personen auch in die Programme einfließen, die den Codes nachgeordnet sind. Programme arbeiten die Leitdifferenzen in jede erdenkliche Tiefenstaffelung hinein ab und operationalisieren sie.

Entscheidend ist, dass diese Intentionen nicht direkt zum Ausdruck kommen können, sondern nur vermittelt über eine symbolische Kopplung zwischen Sprache und Kommunikation. Dies bedeutet, dass eine intentionale Färbung und Mitgestaltung von Kommunikationsmustern nicht ausgeschlossen ist, sich diese Färbung und Gestaltung aber gerade nicht auf einzelne Motive, einzelne Intentionen und einzelne Personen zurück führen lassen.

Diese Komplikation scheint größere Verwirrung bei den Personen hervor zu rufen als eine klare Abhängigkeit oder eine klare Trennung durch volle Autonomie. Denn Personen sehen sich andauernd mit der perplexen Erfahrung konfrontiert, dass manchmal und irgendwie die Kommunikationen ihren Wünschen und Intentionen zu entsprechen scheinen und oft genug und ohne ein erkennbares Muster dann doch wieder nicht. Diese Verwirrungen lassen sich nur verstehen, wenn man zugrunde legt, dass die Intentionen und Motive von Personen in den Funktionssystemen auf eine agonale Logik treffen, die nicht einfach abwehrt und ausschließt, sondern transformiert und transponiert. Für die Denkweise von Personen ist die Logik der Kommunikationssysteme keine unüberwindliche Große Mauer – dann wären die Verhältnisse zumindest klar. Vielmehr gleicht diese Logik eher einem Orakel oder einer Sphinx: Ihre Sprüche scheinen Sinn zu ergeben, aber es ist ein Sinn in der Grammatik der Kommunikation und nicht ein Sinn in der Grammatik der Motive. Und da die Menschen nicht erst seit Ödipus sich allzu gerne auf ihre Motive verlassen und alle Ereignisse in deren Logik interpretieren, erleiden sie genau damit Schiffbruch.

Ein modernes Beispiel mag dies verdeutlichen. Wir wissen, dass Piloten Flugzeuge steuern. Jeder Pilot wird die Frage, ob er das Flugzeug steuere, in seiner eingebauten Naivität selbstverständlich bejahen. Tatsächlich aber steuert das Flugzeug viel radikaler den Piloten als umgekehrt. Der Pilot drückt auf den Anlasser, er gibt den Startschuss und löst die ganze Sequenz aus, immerhin. Aber danach übernimmt die autonome Maschinerie des Flugzeuges. Sie schreibt dem Piloten bis ins Detail vor, was er zu tun hat, um die Maschine fliegen, lenken, steigen, sinken, stabilisieren etc. zu können. Der Pilot hat sich engstens an die Logik des Fliegens zu halten, wenn er wohlbehalten unten wieder ankommen will. Tatsächlich macht es die Expertise eines guten Piloten aus, durch Erfahrung sich in diese Logik eindenken und eventuell auch einfühlen zu können. Seine eigenen Motive und Intentionen beschränken sich darauf, zu starten und wieder zu landen. Was dazwischen passiert, schreiben Flugzeug und Flugsystem vor. Der Mythos des Piloten reduziert sich bei genauerer Betrachtung darauf, fähig zu sein, mit einer fremden Logik so etwas wie Freundschaft zu schließen und sich nicht allzu drastisch von ihr überraschen zu lassen.

Ähnliches gilt für alle Expertinnen und Experten als Spezialisten für die Intervention in komplexe Systeme. Ärzte sehen sich mit der fremden Logik des Körpers konfrontiert, Therapeutinnen mit der fremden Logik der Psyche, Beraterinnen mit der agonale Logik von Organisationen, Lehrer mit der unerreichbaren Logik, die in den Köpfen von Kindern wohnt, und vollends ratlos sind Politiker gegenüber den Systemen, die sie umgeben. Soweit nichts Neues.

Bemerkenswert ist allenfalls, dass man gerade Experten ihre fundamentale Ratlosigkeit abnimmt und verzeiht, weil sie die großen Brocken ihrer Ignoranz professionell invisibilisieren und die kleinen Brosamen von Wissen und Erfolg entsprechend leuchten lassen. Dem gegenüber sind Laien im Umgang mit den großen Funktionssystemen doppelt benachteiligt: Sie können sich und andere über ihre Ignoranz der fremden Logiken nicht hinweg täuschen und sie müssen dennoch tapfer mitmachen, weil die Systeme es so wollen.

Damit stellt sich das Problem des Regierens als das Problem politischer Steuerung in einer zugespitzten Form. Während Handlungstheorien und auch der AzI zugrunde legen, dass politische Steuerung prinzipiell ohne weiteres möglich sei und nur durch Widerstände kollektiv handlungsfähiger Akteure wie Verbände oder Interessengruppen gestört würde (so vor allem Mayntz) oder durch mangelhafte institutionelle Bedingungen auf Seiten der Politik Misserfolge produziere (so vor allem Scharpf) (Mayntz und Scharf 2005, S. 237), sieht dies für eine systemtheoretische Betrachtung ganz anders aus. Sie nimmt an, dass politische Steuerung als externer Eingriff in selbstreferentielle soziale Systeme wie z. B. Wirtschaft, Gesundheitssystem oder Erziehungssystem prinzipiell nicht möglich ist und als Versuch direkter Steuerung scheitern muss, weil unvereinbare und für einander unverständliche Operationsmodi und Logiken aufeinander treffen. Auch wenn sich also beide Theorievarianten in der Beobachtung einer „Logik des Misslingens" (Dörner 1989) treffen, so sind die Begründungen für das normalisierte Misslingen politischer Steuerung doch fundamental unterschiedlich.

Nun könnte man diese Unterschiede als das Glasperlenspiel von Theoretikern abtun und zur Tagesordnung scheinbar klarer empirischer Fallstudien über misslingende politische Steuerung übergehen. Wäre da nicht die Komplikation, dass Empirie nur dann nicht-beliebig und überzeugend sein kann, wenn sie von einer plausiblen und kohärenten theoretischen Fundierung getragen ist. Was empirische Studien tatsächlich erklären, wofür oder wogegen sie stehen und welche Konsequenzen aus ihnen abzuleiten sind, hängt von der theoretischen Einbettung ab, innerhalb derer Empirie erst aussagekräftig und interpretierbar wird. Genau deshalb sind Theorien kein überflüssiger Luxus sondern elementare Voraussetzung für wissenschaftliches Arbeiten.

2.3.1 Regieren als Management struktureller Kopplungen

Regieren als politische Steuerung wird nicht dadurch schwierig und anfällig für Versagen, dass sich etwas Sand im Getriebe der Politik breit macht, sondern vielmehr dadurch, dass die Getriebezahnräder der verschiedenen gesellschaftlichen Bereiche überhaupt nicht ineinander greifen – und nicht ineinander greifen können, weil sie unterschiedliche Krümmungen, Geschwindigkeiten und Ausrichtungen haben. Während Renate Mayntz von ihrem Ansatz aus vorschlagen müsste, die Macht kollektiver Akteure zu begrenzen, und Fritz Scharf vorschlagen müsste, die Institutionen der Politik effektiver und effizienter zu machen, läuft eine systemtheoretische Erklärung auf ganz andere Konsequenzen hinaus. Luhmann hat diese Konsequenzen unter dem Stichwort der „strukturellen Kopplung" abgehandelt; ich selbst habe sie unter dem Titel der „Kontextsteuerung" ausgearbeitet.

Der Begriff der strukturellen Kopplung stammt von Maturana und bezieht sich auf die Beobachtung, dass z. B. das Nervensystem eines Organismus keinen direkten Kontakt zu seiner natürlichen Umwelt hat, sondern nur ‚vermittelt' über bestimmte Sinnesorgane an die Umwelt angekoppelt ist (Maturana et al. 1965). Luhmann übernimmt diesen Begriff, ordnet ihn aber deutlich dem der operativen Geschlossenheit und dem der Selbstreferenz unter (Luhmann 2002, S. 118 ff., sechste Vorlesung). Entscheidend ist, dass strukturell gekoppelte Systeme ihre eigene Autonomie erhalten und durchhalten können, also vor allem die Tiefenstruktur ihrer Selbststeuerung selbst definieren und genau darin – und nur darin – ihre Identität, ihre Unabhängigkeit von externen Faktoren, ihre spezifische Logik und ihre operative Geschlossenheit begründen.

Strukturelle Kopplung löst die Absolutheit operativer Geschlossenheit auf, indem unterschiedliche Operationsmodi durch ‚Zwischenstücke' oder ‚Zwischeneinrichtungen' füreinander zugänglich werden, obwohl sie je in ihrer eigenen Logik gefangen bleiben und auch nur im Rahmen dieser Logik operieren können (Luhmann 2000a, S. 372 ff.) Die reine Selbstreferenz muss in der resonanten Kopplung einer gleichgeordneten Fremdreferenz Platz machen, ohne die Schließung der internen Operationen zu durchbrechen. Deshalb läuft die Transkription oder die Kopplung nicht über Operationen, sondern über Strukturen oder besser: über resonante Fluktuationen der Zeichen, die in ihren je eigenen Zirkulationen und in ihrer eigenen Logik auf einander reagieren und sich wechselseitig als existent unterstellen, obwohl sie von externer Existenz nichts wissen können. Ein gutes Beispiel ist das Zusammenspiel von Bewusstsein (Denken), Sprache und Kommunikation. Das Bewusstsein operiert in der Logik von Gedanken, Sprache in der Logik von Zeichensystemen und Kommunikation in der Logik von Bedeutungen („meaning"). Die Sprache leistet die Kopplung zwischen Bewusstsein und Kommunikation, indem sie – wie insbesondere Saussure ausgeführt hat (Fehr 2003; Saussure 2003) – aus bestimmten Konstellationen und Sequenzen von Zeichen und Wörtern resonante Bedeutungen konstruiert, die auf der einen Seite als Gedanken gelesen und auf der anderen Seite als Kommunikationen verstanden werden können (Luhmann 1995, S. 37 ff.).

In einer funktional differenzierten Gesellschaft müssen nach dieser Prämisse gleich eine ganze Reihe von Einrichtungen der strukturellen Kopplung wirksam sein, weil sonst die unterschiedlichen Funktionssysteme gar nicht zueinander finden könnten. Tatsächlich haben es Beispiele dafür schon in die Wikipedia geschafft – die Verfassung als Scharnier zwischen Politik und Rechtssystem, Steuern und Abgaben als Scharnier zwischen Politik und Ökonomie oder die Institutionen des Eigentums und des Vertrages als Scharnier zwischen Rechtssystem und Ökonomie. So lassen sich auf gesamtgesellschaftlicher Ebene etwa die Konzertierte Aktion im Gesundheitssystem (Gesundheitssystem-Ökonomie-Politik), der Wissenschaftsrat (Wissenschaft-Politik-

Wirtschaft), Wissenschaftliche Beiräte (Politik-Wissenschaft), der Stifterverband (Wirtschaft-Wissenschaft) oder die Bundesbank (Politik-Ökonomie) als Institutionen verstehen, die die Konversion unterschiedlicher Steuerungsmedien mit ihren unterschiedlichen Rationalitätskalkülen zu leisten versuchen. Ähnlich funktionierende Vermittlungsinstanzen gibt es zwischen allen Funktionssystemen, gerade auch dort wo es gilt, Übergänge zwischen verschiedenen Funktionssystemen im Lebenslauf von Menschen zu organisieren. So ist Ausbildung/Lehre eine Form struktureller Kopplung zwischen Schule und Berufsleben, das Referendariat oder ‚training on the job' eine strukturelle Kopplung zwischen Studium und Profession und gelegentlich noch die Institution der Flitterwochen eine Vermittlungsinstanz zwischen Herkunftsfamilien und neuer eigener Familie.

Unter dem Gesichtspunkt politischer Steuerung müssen nach dieser Konzeption Formen der strukturellen Kopplung zwischen der Politik und all den Funktionssystemen ausgebildet sein, in welche die Politik intervenieren will, und umgekehrt müssen die Funktionssysteme auf strukturelle Kopplungen als Vermittlungsinstanzen zurückgreifen, wenn sie ihre Anliegen in die Politik hineintragen und ihre Interessen dort berücksichtigt haben wollen. Die für die Demokratie wichtigste solcher Instanzen ist die zwischen Bürger und Politik geschaltete Institution der Wahl, für kollektive Akteure wie Interessengruppen, Verbände oder soziale Bewegungen sind es Einrichtungen des Lobbyismus, für spezifische Problemfelder sind es Expertenkommissionen, Verhandlungssysteme, Beratungsgremien, Räte (z. B. Rundfunkräte), Hearings, Runde Tische und ähnliche Einrichtungen. Funktion und Notwendigkeit dieser Einrichtungen der strukturellen Kopplung eigenlogischer Funktionssysteme erschließen sich nur, wenn das Grundproblem erkannt ist: Dass es hier um das Zusammenspiel geschichtlich gewachsener, funktional differenzierter Systeme mit unvereinbaren Operationsmodi geht, in welchen Handlungsabsichten von Personen durchaus vorkommen und von Bedeutung sind, allerdings bestenfalls als Obertöne eines dominanten *basso continuo*.

Es erscheint mir aussichtslos, in dieser Frage weiterzukommen, solange soziologische Theorie auf der Basis von *Handlungstheorien* betrieben wird. Die Basiseinheit des Handelns wird dann nahezu zwangsläufig auf Personen begrenzt und auch soziales Handeln erscheint dann als bloße Kombinatorik individueller Handlungen. Erst wenn die Eigenständigkeit des Sozialen, und mithin von Soziologie als wissenschaftliche Disziplin, in der Tradition Durkheims strikt auf soziale Tatbestände gegründet wird (dazu Willke 2000), wenn als Basiseinheit soziologischer Theorie das minimale *soziale* Ereignis gilt, rückt mit *Kommunikation* eine Alternative ins Blickfeld, welche die genuine Eigenständigkeit sozialer Systeme in den jeweiligen Besonderheiten der Semantik, der Kommunikationsstrukturen und der Kommunikationsregeln eines bestimmten Sozialsystems sieht. Nachdem Niklas Luhmann die Differenz von handlungstheoretischer und kommunikationstheoretischer Fundierung der Soziologie ausführlich behandelt hat (Luhmann 1984, S. 225 ff.), genügt hier als komprimierte Formel der Hinweis, dass der Aufbau von semantischen Strukturen und von Regeln der Kommunikation nicht an personal verstandene Subjekte gebunden ist. Auch Gruppen, Organisationen, kollektive Akteure und, mit besonderer Bedeutung und Konsequenz auch gesellschaftliche Teilsysteme können Einheiten kommunikativer Selbstreferenz sein. Gerade die gesellschaftsgeschichtliche Ausbildung von Spezialsemantiken der Wirtschaft, der Politik, der Erziehung, der Kunst oder der Wissenschaft belegt die weitreichende Eigendynamik der Entwicklung kommunikations-konstituierter Sozialsysteme auch unabhängig vom Willen handelnder Akteure – wie schon Adam Smith und Karl Marx deutlich genug gesehen haben.

Für unseren Zusammenhang folgt daraus in erster Linie, dass die historische Bewegung von Gesellschaften zu hochdifferenzierten Systemen gänzlich unabhängig von den in ihnen handelnden

Personen eine eigenständige Problematik der Reproduktion ihrer Einheit schafft. Schon auf den ersten Blick ist klar, dass diese Einheit nicht aus dem intentionalen Handeln von Individuen resultiert. Woraus dann? In dem Maße, wie Gesellschaften und ihre funktional spezialisierten Teilsysteme als operativ geschlossene Kommunikationssysteme mit einer eigenen, nicht-abgeleiteten Realität sich konstituieren, resultieren mögliche Probleme der Reproduktion der jeweiligen systemischen Einheit primär aus ihrer spezifischen (kommunikativen) Operationsweise. Jede Form von Systemsteuerung, sei sie intern oder extern, ist deshalb darauf angewiesen, auf die autonome kommunikative Operationsweise zuzugreifen; und die Schwierigkeiten der Steuerung resultieren daraus, dass dies ein Widerspruch in sich selbst ist. Genau darin trifft sich die Schwierigkeit der Steuerung (und wechselseitigen Abstimmung) sozialer Systeme mit der Schwierigkeit der Steuerung (und „intersubjektiven" Verständigung) von Personen, wenn man nur in beiden Fällen die jeweilige Binnenstruktur komplex genug ansetzt, d. h. als selbstreferentiell, operativ geschlossen und intransparent begreift. Das normale Scheitern der Steuerung komplexer Systeme erweist sich als dysfunktional äquivalent zum normalen Scheitern des „people processing" in Erziehung, Seelsorge, Therapie und Resozialisierung. Daraus den Schluss zu ziehen, wie Habermas es tut, die wechselseitige Beeinflussung selbstreferentieller Systeme könne nach dem Muster intersubjektiver Verständigung begriffen werden, mutet schon abenteuerlich an. Ins Auge sticht doch am täglichen Betrieb moderner Gesellschaften, dass weder intersubjektive Verständigung noch die Steuerung komplexer Sozialsysteme auch nur annähernd funktionieren und dass diese Logik des Misslingens aus einer Trivialisierung nicht-trivialer psychischer wie sozialer Systeme resultiert.

Gegenüber der nach wie vor unbegründeten Leichtfertigkeit, mit der Habermas von der Möglichkeit interpersonaler Verständigung ausgeht, nimmt sich die skeptische Ironie von Richard

Rorty nüchterner aus. Rorty zeigt (im Anschluss an Davidson), dass wir auch in der „lebensweltlichen" Alltagssprache mit weitgehend idiosynkratischen Vokabularien hantieren, denen Kontingenz und ständige Revisibilität eingebaut sind. Nimmt man Gregory Batesons Einsicht hinzu, dass bemerkenswerte Informationen nur aus Differenzen herausgelesen werden können, dann lässt sich Kommunikation als das Prozessieren von Differenzen verstehen und die Evolution von Semantiken als die Transformation von Differenz-Mustern, etwa in der Form der Substitution leitender Antonyme – für den Fall des Regierens etwa der Übergang der Begründungsformeln für legitime Macht von Tradition zu Charisma zu Recht.

2.3.2 Regieren als Management systemischer Kontingenzen

Die Frage ist also, wie Verständigung, Abstimmung, Koordination oder gar Steuerung zwischen komplexen, selbstreferentiellen Systemen möglich sein soll, wenn deren Identität gerade auf der *Differenz* zueinander, auf unterschiedlichen Semantiken, Rationalitäten, Operationsregeln, Kontingenzräumen, Entwicklungsdynamiken etc. beruht und wenn diese Differenziertheit nicht bloßes Ärgernis ist, sondern die konstituierende Eigenart hochkomplexer, nicht-trivialer Systeme. Und die Antwort lässt sich auf der Spur eines Satzes von Schumpeter suchen, den Rorty zitiert (Rorty 1989, S. 87): „Die Einsicht, dass die Geltung der eigenen Überzeugungen nur relativ ist, und dennoch unerschrocken für sie einzustehen, unterscheidet den zivilisierten Menschen vom Barbaren." Für die Gegenwart müsste dieser Satz lauten: Die Einsicht, dass die selbst-referentiellen Semantiken komplexer Systeme nicht vereinbar sind, und dennoch unerschrocken für wechselseitige Abstimmung einzustehen, unterscheidet den systemischen vom akteurszentrierten Beobachter.

Allerdings deutet sich in diesem Satz bereits eine für das Thema des Regierens grundlegende Veränderung der Perspektive an. Während in einem aktivistischen Politikverständnis, ob auf dem Hintergrund eines Sozialstaates, Wohlfahrtsstaates oder sonst wie proaktiven Staates die Politik bestimmte *inhaltliche* Ziele in der Veränderung bestimmter Gesellschaftsbereiche – etwa dem Gesundheitssystem oder dem Erziehungssystem – verfolgt, legt eine systemtheoretische Sichtweise nahe, vom Problem der Kontingenz und Optionenvielfalt einerseits und der Potentialität der Selbststeuerung andererseits auszugehen. Das Problem der Funktionssysteme liegt nicht darin, dass sie zu wenige Möglichkeiten hätten und daher Anstöße von der Politik benötigten. Vielmehr produzieren sie im Gegenteil aufgrund ihrer hochentwickelten Eigenkomplexität ein Übermaß an Optionen, von denen einige für die umfassende Gesellschaft brauchbarer sind als andere. Wenn sich in diesem Sinne herausstellen sollte, dass Kontingenz und Kontingenzsteigerung nicht nur ein Merkmal individueller Kommunikationsformen von Bürgern moderner Demokratien ist, sondern auch Merkmal der Operationsweisen der sozialen Systeme innerhalb dieser Gesellschaften, dann wäre nichts dringender als eine Form der Kontrolle der systemischen Kontingenzen. Die Gesellschaft muss sich vor einer Überwältigung durch den Optionenreichtum ihrer Funktionssysteme schützen – das wäre dann die zentrale Aufgabe des Regierens.

Allerdings ist hier eine Präzisierung angebracht. Es geht ja nicht darum, einfach Kontingenzen zu unterbinden, sondern vielmehr darum, sie unter dem Gesichtspunkt der gesellschaftlichen Passung, also unter dem Gesichtspunkt der Minimierung von negativen Folgen für die gesellschaftliche Umwelt zu selegieren. Regieren hat dann die Aufgabe, den Optionenreichtum (die Kontingenz) der Funktionssysteme in gesellschaftlich optimale Bahnen zu lenken. Der entscheidende Vorteil ist darin zu sehen, dass die Politik nicht mehr, wie im Sozial- oder Wohlfahrtsstaat, aus eigener Machtvollkommenheit den Funktionssystemen vorzuschreiben versucht, welche Ziele sie zu verfolgen haben. Vielmehr wird die Respektierung der Selbststeuerung der Funktionssysteme zur Grundlage des Regierens, auf welcher Politik dann Einfluss darauf nimmt, dass in der Auswahl von Optionen eine Minimierung negativer Externalitäten (für Gesellschaft insgesamt und Umwelt) erreicht wird.

Mit der Respektierung der Selbstorganisations- und Selbststeuerungsfähigkeit gesellschaftlicher Funktionssysteme kommt gegenüber einem aktivistischen Staatsverständnis die Idee einer „Ironie des Staates" (Willke 1996) zum Vorschein. Damit ist gemein, dass Politik scheinbar auf ein klassisch liberales Gesellschaftsmodel zurückgreift, das mit John Locke oder den amerikanischen Gründungsvätern die Befreiung der Gesellschaft von der Dominanz der Religion oder eines absolutistischen Staates realisiert hat. Tatsächlich bleibt diese Grundidee erhalten, muss sich aber in einer hochkomplexen modernen Gesellschaft den vielfältigen historischen Erfahrungen des Scheiterns stellen, und so die Grundidee zwar verteidigen, sie aber in einer skeptisch-ironischen Brechung als prekär und kontingent ansehen. Insofern hat Liberalität es genau mit einer bestimmten Qualität der Kontrolle systemischer Kontingenzen zu tun: einer Rationalität der wechselseitigen Akkordierung von Kontingenzen, die dem Ziel folgt, die Autonomie und prinzipielle Kontingenz der Funktionssysteme zu erhalten und zugleich in die Aktualisierung der Kontingenzen das gemeinsame Kriterium der *Schadensminimierung* einzubauen. Vor der Aktualisierung kontingenter Handlungsstrategien kommt im wechselseitigen, also auch im eignen Interesse eine Umweltverträglichkeitsprüfung zum Zuge, welche versucht, die Folgen einer bestimmten Optionenwahl, vor allem deren nicht-intendierte Folgen, auf die Systeme in der Umwelt des handelnden Systems zu reflektieren. So ließe sich eine liberale Gesellschaft in der Tat definieren als eine Arbeitsgemeinschaft von exzentrischen Funktionssystemen zum wechselseitigen Schutz gegen Dritte *und* zum wechselseitigen Schutz gegen die normalen Katastrophen der eigenen, nicht-reflektierten Optionen. Der letztere Aspekt wird umso wichtiger, je stärker Umwelteinwirkungen, nicht-intendierte Folgen oder nicht beherrschbare Dynamiken nicht von außen auf eine Gesellschaft einwirken. Konkret: wenn eine Gesellschaft nicht von den Atombomben einer fremden Macht, sondern von ihren eigenen Kernkraftwerken bedroht ist; nicht von den biologischen Waffen des „Gegners", sondern von gentechnischen Experimenten ihres Wissenschaftssystems; nicht von Kugeln fremder Soldaten, sondern von den Waffen ihrer eigenen organisierten Kriminalität und den Nadeln ihrer Drogenabhängigen; nicht von Hunger und Tod durch Krieg, sondern von Invalidität und Tod durch Zivilisationskrankheiten und Autoverkehr. In diesem Sinne hat Rortys ungewöhnlicher Begriff von Liberalität durchaus seinen Sinn und vermag auf die Normalität des Misslingens politischer Steuerung hinzuweisen, die einer modernen demokratischen Gesellschaft Hohn spricht.

2.3.3 Regieren als Kontextsteuerung

Jedes System-in-Umwelt nutzt die Möglichkeiten (Chancen und Risiken) seiner Umwelten und sieht sich auf der anderen Seite Restriktionen durch seine Umwelten ausgesetzt. Kontextsteuerung meint, dass selbst bei schädlichen Folgen („negativen Externalitäten") der Systemoperationen für die Systemumwelt die Akteure in dieser Umwelt nicht direkt und direktiv auf das System zugreifen sollten, weil sie sonst dessen Autonomie gefährden. Möglich ist aber, dass Akteure und Systeme in der Umwelt eines Systems Kontextbedingungen so setzen, dass das betreffende (fokale) System seine Optionen nach dem Gesichtspunkt höchstmöglicher Umweltverträglichkeit und Kompatibilität auswählt. Warum ein direktes Intervenieren weder machbar noch sinnvoll ist, erschließt sich vor allem, wenn man die ‚Spezialsprache' der Funktionssysteme als Steuerungsmedien begreift, welche die Operationslogik der Systeme steuern.

Die Theorie symbolisch generalisierter Steuerungsmedien bezieht sich nicht auf Verbreitungsmedien wie Zeitung, Rundfunk oder Fernsehen, sondern auf Symbolsysteme wie Macht, Geld, Wahrheit, Glaube oder Vertrauen, welche über die Kapazität von menschlicher Sprache hinaus kommunikationserleichternde Funktionen erfüllen (deshalb: Kommunikationsmedien). Die Theorie ist deshalb besonders interessant, weil sie von vornherein den Aspekt der Differenzierung moderner Gesellschaften in spezialisierte, rationalisierte und eigenen Steuerungsregeln gehorchende Teilbereiche berücksichtigt, diese Einsicht aber zugleich mit der Frage verknüpft, wie die in den jeweiligen Bereichen ausgebildeten unterschiedlichen Logiken und Steuerungsmedien denn untereinander verträglich sein können.

Ausgangspunkt der Theorie symbolisch generalisierter Steuerungsmedien ist die Beobachtung, dass bereits auf relativ einfacher Stufe der Entwicklung von Gesellschaften die menschliche Sprache allein nicht mehr ausreicht für die Steuerung der Vielfalt sozialer Interaktionen. Sehr früh schon entwickelt sich etwa für den Spezialaspekt des wirtschaftlichen Handelns das Geld (oder geldähnliche Wert- und Symbolsysteme) als ein Medium zur Vereinfachung *und Steuerung* des wirtschaftlichen Handelns. Für politisches Handeln entwickelt sich Macht als Medium der Vereinfachung und Steuerung des Regierens.

Die Besonderheit der verschiedenen Steuerungsmedien liegt nun darin, dass sie sich als Symbolsysteme nach und nach von der Ebene realer, handgreiflicher Objekte lösen und eine je spezifische Eigendynamik entwickeln. Diese Eigendynamik wird steuerungsrelevant, verändert also die Qualität menschlicher Beziehungen in den betroffenen Teilbereichen durch Abstraktion, Generalisierung, Symbolisierung und die Ausbildung neuer Systemzusammenhänge. Wenn nicht mehr personengebundenes wirtschaftliches Handeln, sondern Geld und schließlich Kapital die Steuerungsform ökonomischer Prozesse ist, dann entfernen sich auch die Entscheidungs- und Relevanzkriterien von der Ebene konkreter Personen und gehorchen anderen Gesetzen. Dies gilt ebenso für rangordnungsbezogenes Handeln, wenn daraus Macht und institutionalisierte Herrschaft wird; für erzieherisches Handeln, wenn es zu Sozialisation und Schule spezialisiert wird; für religiöses Handeln, wenn es zu Glauben und Amtskirche gerinnt etc.

Obwohl die menschliche Sprache die Kommunikationskapazität psychischer und sozialer Systeme in gewaltigem Ausmaße steigert, reicht sie bald nicht mehr aus. Bereits in relativ gering entwickelten Systemen steigt die Komplexität rascher als wir denken und sprechen können. Sprache allein würde bei zunehmender Dichte und Vielschichtigkeit der Sozialbeziehungen zu einer Babylonischen Sprachverwirrung führen. Wenn wir alle Interaktionen, Transaktionen und Probleme ausreden müssten, würden wir – leicht übertrieben – als Greise auf dem Sterbebett noch über die Frage unseres Eintritts in den Kindergarten reden. Schon bei einem relativ geringen Grad an funktionaler Differenzierung sozialer Systeme werden deshalb Zusatzeinrichtungen zur Sprache erforderlich, weil die Kommunikation über Sprache zu umständlich und zu zeitraubend würde. Für ausgrenzbare Problemfelder wie z. B. das Wirtschaften, das Herrschen, das Glauben oder die Erziehung entwickeln sich spezialisierte Steuerungssprachen als symbolisch generalisierte Medien, z. B. in Form von Geld, Macht, Wahrheit oder Einfluss.

Medien übermitteln hochkomprimierte Informationen, die aufgrund ihrer symbolischen Form weiterverwendet und zu langen Kommunikationsketten verknüpft werden können, ohne dass die in ihrer Verwendung implizierten Vorverständnisse jeweils neu verhandelt oder beschlossen werden müssen. Obwohl also jeder Teilnehmer an einer Kommunikationskette für sich die Möglichkeit hätte, seine eigenen kontingenten Handlungsoptionen als nicht-reduzierte Komplexität einzubringen, bindet er bei der Verwendung von Medien seine Kontingenzen und leitet nur eine schon reduzierte Komplexität weiter. Der entscheidungs-, zeit- und kostensparende Automatismus von Medien liegt genau darin, dass ich mich dann, wenn ich mich seiner bediene, auf ein hochspezialisiertes, aber auch hochselektives Sprachspiel einlasse, dessen Regelstruktur vom jeweils verwendeten Medium definiert wird. Genau diese Komprimierung, Spezialisierung und rekursive Selbstfestlegung verhindert zugleich eine einfache, direkte Verbindung unterschiedlicher Medien. Verknüpfen lassen sie sich nur über komplizierte Transkriptionen und Konvertierungen, die eine Vermittlungsinstanz zu leisten hat.

Ein evolutionärer Vorteil der ‚Erfindung‘ von generalisierten Steuerungsmedien liegt darin, dass die Einheitlichkeit der Lebensverhältnisse der Menschen aufgebrochen wird in differenzierte, autonome und nur über Vermittlungsinstanzen gekoppelte Teilbereiche, in denen nun ganz unterschiedliche evolutionäre Prozesse einsetzen können. An die Stelle der Einheitlichkeit und Synchronität von Religion, Macht, Wirtschaft, Erziehung, Gesundheit etc. im archaichen ‚*oikos*‘ (Haus) tritt nun eine Differenzierung von Spezialisten. Der politisch Mächtige muss nicht notwendig auch klug und/oder reich sein, der Priester nicht notwendigerweise auch mächtig etc. Dies bedeutet auch, dass Teilbereiche der Gesellschaft sich unterschiedlich und in Grenzen auch unabhängig voneinander entwickeln können; und es bedeutet vor allem, dass sich für die Gesellschaft als Ganze das Integrations- und Steuerungsproblem stellt. Konkret: Wie kann es politischer Steuerung gelingen, den überschäumenden Optionenreichtum der Teile wieder einzufangen und auf das gesellschaftlich Verträgliche zu begrenzen?

Das Folgeproblem von Kontingenzsteigerungen besteht angesichts beschränkter Verarbeitungskapazität von Menschen und Sozialsystemen in der Erfindung und Institutionalisierung von Mechanismen der Kontingenzkontrolle. Ein besonders erfolgreicher Mechanismus der Kontingenzkontrolle besteht in der nichtkontingenten Relationierung kontingenter Relationen, etwa durch höher generalisierte Codes, durch Institutionen oder eben durch Einrichtungen der strukturellen Kopplung. Sobald die Optionen unterschiedlicher Akteure aufeinander bezogen werden, ergeben sich Anschlusszwänge, welche das Chaos doppelter Kontingenz auf geordnete Bahnen zwingt, ohne die prinzipiell mögliche Offenheit für immer auszuschließen. Auch institutionelle Festlegungen lassen sich im Ernstfall wieder auflösen und so die ursprüngliche Optionenvielfalt wieder herstellen.

Die Selbstorganisation und *Selbststeuerung* der Teilbereiche (wie Wirtschaft, Wissenschaft, Erziehung, Kultur, Familie etc., aber auch der regionalen Bereiche Gemeinde, Regionen und Länder) hat die vorrangige Funktion, Detailreichtum, Dynamik, Innovationsfähigkeit, Vielfalt und Variabilität der Teile zu erhalten, indem deren dezentralisierte Informationsverarbeitung, Problemlösungs- und Implementationsfähigkeiten in erster Linie zum Zuge kommen. Diese dezentralisierten Fähigkeiten der Teilsysteme sind allerdings nicht isoliert zu haben, sondern nur als „Paket" zusammen mit den komplementären Folgen der Spezialisierung: nämlich der Ausbildung bereichsspezifischer Prämissen, Rationalitätsparameter und Präferenzen. Verständlich wird dies, wenn man sich die Genese unterschiedlicher Teil-Identitäten aus der gesellschaftlichen Arbeitsteilung und sozialen Differenzierung in Erinnerung ruft.

Die durch die Steuerungsmedien erreichte Steigerung der Potenzen und Optionen der Teilsysteme hat Nutzen und Kosten. Zu den Kosten gehört die scharfe Profilierung von Teilrationalitäten. Die Arbeitsweise seines Steuerungsmediums definiert in knappster Weise und in letzter Instanz die Rationalität eines Teilsystems. Im Medium ist jener leitende Gesichtspunkt kristallisiert, auf den hin die Prozesse des Teilsystems ausgerichtet und gesteigert werden. Auf Leistung und Legitimität eines eigenständigen Steuerungsgesichtspunktes baut die Identität eines Teilsystems auf. Bei politischem Handeln ist Macht, bei ökonomischem Handeln Geld oder bei wissenschaftlichem Handeln Wahrheit je für sich die leitende und legitime Leitdifferenz für die systemspezifischen Operationen.

Diese Auftrennung eines archaischen einheitlichen Lebens- und Handlungszusammenhanges in einzelne, für sich steigerbare Funktionen wirft zwingend das Problem der Reintegration und Passung (Kompatibilität) der differenzierten Teilsysteme auf. Das Steuerungsproblem besteht darin, die hochentwickelten Fähigkeiten der Teilsysteme in Formen der Selbstorganisation und Binnensteuerung zu aktivieren – etwa in Gestalt von Normgenerierung im politischen System, des Preismechanismus im ökonomischen System oder der Reputationslogistik im Wissenschaftssystem – diese Formen aber zugänglich und kompatibel zu halten für kontextuierende Restriktionen und Prüfverfahren der Gesellschaftsverträglichkeit im Hinblick auf die Außenwirkungen subsystemischer Prozesse (ausführlicher dazu Willke 1987). Die Gesellschaft insgesamt kann als funktional differenzierte „die Welt nur noch polykontextural schematisieren, das heißt: nur durch eine Mehrheit von nicht aufeinander reduzierbaren Letztunterscheidungen" (Luhmann 1990, S. 38).

Kontextsteuerung setzt demnach Bedingungen der Kompatibilität von Optionen, die Teilsysteme aus ihrer Eigendynamik heraus generieren. Kontextparameter, die z. B. die Politik für die Ökonomie oder für das Schulsystem setzt, dämpfen oder fördern bestimmte Optionen (Optionen im Sinne von Varianten, Innovationen, Entwicklungszielen, Vorhaben, Strategien oder Wirkungen) nach Kriterien ihrer Konsequenzen für die Gesellschaft, also ihrer Gesellschaftsverträglichkeit. Jedes Funktionssystem setzt für jedes andere solche begrenzenden und ermöglichenden Kontextbedingungen – genau das ist der Inhalt der Formel der wechselseitigen Abhängigkeit (Interdependenz) der differenzierten Teile. Die besondere Rolle von Politik besteht darin, als einziges System für das Ganze von Gesellschaft zuständig zu sein, weil es seine Funktion ist, *kollektiv verbindliche Parameter der*

Steuerung zu definieren. Während alle anderen Teile nur für sich selbst sorgen müssen und darin ihre Leistungen für die Gesellschaft erbringen, obliegt es der Funktion des Regierens, für die Gesellschaft insgesamt zu sorgen. In diesem Sinne hat die Politik in modernen Demokratien die Kompetenzkompetenz, kann also in legitimer Weise den Operationsradius anderer Funktionssysteme kontextuell begrenzen, solange deren Autonomie dabei nicht angetastet wird. (Bezeichnenderweise ist diese Autonomie für die wichtigsten Systeme verfassungsrechtlich garantiert, etwa als Eigentumsgarantie, Freiheit der Forschung oder Religionsfreiheit). Kontextsteuerung kann darauf verzichten, Einzelheiten zu regeln. Stattdessen schafft sie generalisierte Motivationen dafür, die eigendynamischen und eigensinnigen Operationen eines Systems in eine bestimmte Richtung (Qualität, Perspektive, Vision) zu lenken.

Das Modell der Kontextsteuerung lässt also den von Mayntz und Scharpf behaupteten Gegensatz von Nichtsteuerung durch operativer Schließung und Steuerbarkeit durch politische Handlungspotentiale (Mayntz und Scharf 2005, S. 238) nicht gelten, weil das eine die Möglichkeiten politischer Steuerung zu pessimistisch und das andere zu optimistisch einschätzt. Wie alle komplexen dynamischen Systeme sind auch gesellschaftliche Funktionssysteme durch Selbstreferenz, Rekursivität und operative Schließung gekennzeichnet, aber dies ist kein Argument gegen bestimmte Möglichkeiten der Beeinflussung von außen. Operative Schließung eines Systems ist „Voraussetzung für seine Offenheit in Bezug auf die Umwelt. …Geschlossenheit darf nicht als kausale Isolierung verstanden werden" (Luhmann 2000a, S. 105). Worauf Luhmann berechtigterweise besteht, und was Mayntz/Scharpf unterschätzen, ist das Gewicht der Erhaltung von Autonomie und Eigenlogik der „gesteuerten" Systeme, das jedem Steuerungsversuch interne und externe (pragmatische) Grenzen setzt. Die Grundhypothese des Modells der Kontextsteuerung ist, dass die Selbststeuerung eines komplexen Systems angemessener und produktiver ist als der Versuch externer Steuerung, und dass nur die Absicht der Koordination autonomer Akteure externe Steuerung in Form einer Kontextsteuerung legitimiert, die als wechselseitige Abstimmung die Form eines Dialogs über die Verträglichkeit von Optionen annimmt.

Versteht man Steuerung als Kontextsteuerung im Sinne einer Verknüpfung von Selbststeuerung auf der Basis operativer Geschlossenheit und kontextuellen Rahmenbedingungen, die von anderen Leistungssystemen gesetzt werden können, dann sehen ich keinen Grund, die Möglichkeit politischer Steuerung zu bestreiten. Wichtig ist allerdings, dass auch noch die Unterscheidung von Selbstreferenz und Fremdreferenz nur als systeminterne, also selbstreferentielle Operation möglich ist. Alles was an Kontextsteuerung ‚außen' passiert, nimmt das zu beeinflussende System also mit seinen ‚Augen' d. h. mit der Brille seiner Leitdifferenz wahr und transformiert es in seinen Operationsmodus. Genau deshalb ist im Normalfall nicht vorauszusehen, wie sich beabsichtigte Interventionen als Steuerungsimpulse tatsächlich auswirken werden.

3
Gegenwärtige Herausforderungen des Regierens

Zwei fundamentale Transformationen der Gegenwart stellen den Prozess des Regierens vor neue Herausforderungen: Zum einen eine sich vertiefenden Globalisierung, zum anderen eine beginnende Transformation der Industriegesellschaft in eine Wissensgesellschaft. Beides sind Jahrhundertprojekte und werden uns noch lange beschäftigen.

Für politische Steuerung ist Globalisierung eine einschneidende Veränderung, weil mit einem vom Lokalen bis zum Globalen reichenden Mehr-Ebenen-System globaler Zusammenhänge Politik grenzenlos (Guéhenno 1995; Ohmae 1995), ortlos (Willke 2001a) und de-nationalisiert (Zürn 1998) geworden ist. Wie kann und soll sich die Politik auf diese grundlegend veränderte Konstellation einstellen? Nur einige wenige der vielen in Frage kommenden Aspekte können hier ausgeführt werden: Zunächst der Übergang von klassischer Regierung zu politischer Steuerung, von *government* zu *governance*; dann die Bedeutung transnationaler Institutionen und globaler Kontexte für die Politik der Nationalstaaten; und schließlich die Frage des Managements globaler Kollektivgüter.

Parallel und in vielen Hinsichten komplementär dazu sieht sich politische Steuerung mit einer Wissensexplosion konfrontiert, die als Initialzündung eines beginnenden Überganges von der Industriegesellschaft zur Wissensgesellschaft verstanden werden kann.

Wissen und Expertise werden zu Leitwährungen einer Gesellschaft, die durch organisiertes lebenslanges Lernen, Wissensmanagement, Computerisierung, Digitalisierung, globale Vernetzung, kontinuierliche Innovation und flächendeckende F&E (Forschung und Entwicklung) sich einer anschwellenden Flut relevanter Expertise ausgesetzt sieht, welche in die innere Operationsweise aller Funktionssysteme – auch der Politik – hineindrängt und überkommene Formen der Leistungserbringung unter Veränderungsdruck setzt.

Bevor diese Punkte näher ausgeführt werden, ist zunächst die übergreifende Problematik der Krisenanfälligkeit und der Krisenresistenz moderner Demokratien zu beleuchten.

Angesichts der Volatilität und Komplexität moderner Gesellschaften ist die wohl wichtigste übergeordnete Qualität einer Gesellschaft ihre Fähigkeit, allgegenwärtige Konflikte und Krisen zu bewältigen. Im Anschluss an Hamel nennen wir diese Fähigkeit Resilienz. Die globale Finanz- und Wirtschaftskrise, die Euro-Krise, die Krise des Gesundheitssystems, die Energie-, Umwelt- und viele weitere Krisen haben zur Genüge gezeigt, dass die Leistungsfähigkeit des politischen Systems im Umgang mit diesen Aufgaben beschränkt ist. Daher sollten alle Bemühungen, die Resilienz moderner Gesellschaften zu stärken, beispielsweise durch eine Verbesserung ihrer Fähigkeiten der Selbststeuerung und der politischen Steuerung, willkommen sein.

> „Strategic resilience is not about responding to a one-time crisis. It's not about rebounding from a setback. It's about continuously anticipating and adjusting to deep secular trends.... It's about having the capacity to change before the case for change becomes desperately obvious". (Hamel und Välikangas 2003, S. 53 f.). („Bei der strategischen Resilienz geht es nicht um die Reaktion auf eine einmalige Krise. Es geht nicht darum, sich von einem Rückschlag zu erholen. Es geht darum, kontinuierlich verborgene säkulare Entwicklungen zu antizipieren und sich an diese anzupassen. ... Es geht darum, die Fähigkeit zur Veränderung zu besitzen, bevor der Veränderungsfall mit aller Dringlichkeit zutage tritt.")

3 Gegenwärtige Herausforderungen des Regierens

Obgleich die Zukunft generell und die künftigen Aufgaben und Möglichkeiten politischer Steuerung im Besonderen noch ungewiss sind, haben Akteure und Institutionen bei der Vorbereitung auf das Unvorhergesehene die Wahl. Resilienz zu fördern heißt, die vertraute Komfortzone der schrittweisen Adaptation und des erst nach der Krise einsetzenden Krisenmanagements zu verlassen. Tatsächlich erfordert Resilienz ein strategisches Vorgehen beim Aufbau von Steuerungssystemen, die über die bloße Korrektur von Störungen und Fehlern hinaus wirken: „The quest for resilience can't start with an inventory of best practices. Today's best practices are manifestly inadequate. Instead, it must begin with an aspiration: zero trauma" (Hamel und Välikangas 2003, S. 54).

Traumata von gescheiterten Systemen und politischem Missmanagement hat es viele gegeben, und sie beinhalten bittere historische Erfahrungen mit irrigen Meinungen und der Missdeutung von Zeichen. Dennoch sollte das Nachdenken über Steuerung und fortgeschrittene Arten der Anpassung nicht traumatisch sein, sondern, im Gegenteil, inspiriert von den Erfolgen neuer Formen von Governance. Selbst wenn das heutige politische Führungssystem vielen Fragestellungen offenkundig nicht gerecht wird, enthält es alle Elemente, die für den Neuaufbau von Resilienz als eine Art der Regulierung hochdifferenzierter und komplexer Systeme im Kontext einer globalen Wissensgesellschaft nötig sind.

Resilienz zu erlangen bedeutet daher, die Basis politischer Steuerung zu erweitern und die Governance-Strukturen komplexer Gesellschaften mit Mechanismen des schnellen Lernens und der Strategiefähigkeit auszustatten. Zu diesem Ziel kann Regieren als Kontextsteuerung einen maßgeblichen und wesentlichen Beitrag leisten. Das Streben nach Resilienz geht aus von der Annahme, dass die Integration und Verbindung verschiedenartiger und zentrifugaler Interessen innerhalb der Gesellschaft von höchster Bedeutung für den Schutz vor oder das Management von Krisen sind. Jeder Vorschlag, sich an ein stationäres Modell politischer Prozesse und politischer Governance zu halten, müsste die Kosten einer Systemkrise und die Folgen eines hastigen und schwerfälligen Krisenmanagements berücksichtigen: „A turnaround is transformation tragically delayed" (Hamel und Välikangas 2003, S. 54).

Der Beitrag der Kontextsteuerung zur Erhaltung und Förderung von Resilienz besteht darin, Organisationen und Gesellschaften „ultrastabil" im Sinne von Ashby zu machen, d. h. im Sinne der Vorstellung verschiedener interner Steuerungskonstellationen je nach der unterschiedlichen Qualität externer Anforderungen und externer Dynamik (Ashby 1958). Politische Steuerung zielt ab auf die Eröffnung der Optionen von miteinander verflochtenen und konkurrierenden/konfligierenden Akteuren, um eine „dritte Option" zu entwickeln, die die Nullsummen-Konstellation überwinden und stattdessen eine Win-Win-Option bieten könnte. Mit anderen Worten: Die Funktion der Resilienz ist es, komplexen Systemen die Entwicklung von Steuerungsformen zu ermöglichen, die mit den Herausforderungen „hoch zuverlässiger Systeme" (LaPorte und Consolini 1991) kompatibel sind – dass also Systeme, die durch ein hohes Maß an Komplexität, Unsicherheit und Risiko gekennzeichnet sind, Einrichtungen und Prozesse kollektiver Intelligenz schaffen, um von der Adaptation zu einer „proaktiven, präventiven Entscheidungsfindungsstrategie" zu kommen (LaPorte and Consolini 1991, S. 29).

Komplizierte Konzepte wie Ultrastabilität, hoch zuverlässige Systeme oder Resilienz sind nicht zufällig Teil des Diskurses von politischer Steuerung und Governance geworden. Die genannten Konzepte weisen hin auf eine unterschwellige Unzufriedenheit mit der üblichen Vorstellung von Politik als einer Steuerungsform, die nach der Versuchs- und Irrtums-Methode verfährt und wenig zuverlässig ist. Durchwursteln und Inkrementalismus (Lindblom 1965) reichen zwar aus für eine erste Ebene systemischer Intelligenz, ähnlich der Intelligenz der evolutionären Adaptation und

3 Gegenwärtige Herausforderungen des Regierens

des Überlebens in relativ stabiler und friedvoller Umgebung. In Konstellationen des grundlegenden Wandels, z. B. des Übergangs von der Industriegesellschaft zur Wissensgesellschaft und von national organisierten Gesellschaften zu globalen Systemen, scheint diese erste Ebene systemischer Intelligenz jedoch unzureichend.

Eine zweite Ebene systemischer Intelligenz strebt eine hohe Zuverlässigkeit und hohes Vertrauen als Qualitäten kollektiver Entscheidungsfindungsprozesse in einer Situation turbulenter Veränderungen an. Sie beinhaltet Lernfähigkeiten zweiter Ordnung sowie strategisches Verhalten, unterstützt durch Instrumente kollektiver Intelligenz. Diese Art der systemischen Intelligenz bedeutet zum einen, dass externe Risiken und Chancen beobachtet werden, und zum anderen, dass strategische Optionen und Leistungskompetenz verfügbar werden. Zugegebenermaßen klingt es immer noch ein wenig widersinnig, einem so schwierigen Komplex wie den Regierungsformen moderner Gesellschaften die Disziplin kontextuell gebremster Steuerung aufzuerlegen. Allerdings lässt sich leicht zeigen, dass die üblichen Steuerungsillusionen kostspieliger und destruktiver sind als Versuche, eine der gesellschaftlichen Komplexität angemessenere Form politischer Steuerung zu entwickeln.

Der Begriff „Governance" dient in diesem Zusammenhang als ein umfassender Begriff zur Beschreibung der Problemfelder in Management, Führung, Transformation und strategischer Ausrichtung der Akteure und Institutionen innerhalb einer bestimmten Gesellschaft. Die Governance-Form eines Systems beschreibt dessen Grundsätze, Konzepte, Methoden und Instrumente, die das System koordinieren oder mit denen es sich selbst koordiniert. Die Ausweitung von „Government" auf „Governance" bedeutet, dass die Akteure in der Zivilgesellschaft nun Teil des Politikprozesses werden und in dieser Weise aktiv zur politischen Entscheidungsfindung beitragen.

3.1 Globalisierung als Herausforderung des Regierens

Obwohl ein Weltstaat (noch) nicht existiert, haben sich Anfänge und Konturen einer Weltgesellschaft – in einem noch zu klärenden Sinne – herausgebildet. Es gibt seit Jahrhunderten vielfältige dynamische Prozesse der Globalisierung. Globale Zusammenhänge, Vernetzungen, Abhängigkeiten, Transaktionsbeziehungen etc. sind entstanden und entwickeln sich auf der Basis neuer Technologien und Infrastrukturen fort. So sieht Marx den Beginn des modernen Kapitalismus als Weltkapitalismus im 16. Jahrhundert und in diesem Sinne muss bereits das Zeitalter des Kolonialismus als eine der ersten Ausprägungen von Globalisierung verstanden werden.

Dennoch bildet sich im letzten Drittel des 20. Jahrhunderts eine neue Qualität der Globalisierung heraus. Sie ist gekennzeichnet vom Ende des Kalten Krieges und dem Zusammenbruch der sozialistischen Staaten, sowie von den Faktoren der Digitalisierung und Virtualisierung, der weltweiten Verbreitung von Computern und Netzen (Internet und Intranets), einer Verdichtung globaler Informations- und Kommunikationsströme durch satellitengestützte Telefonnetze und weltweit zugängliche und verbreitete Massenmedien. Neben diesen gut sichtbaren und oft beschriebenen Phänomenen tragen weitere Faktoren zu einer Intensivierung globaler Zusammenhänge bei. Es sind Faktoren, die etwas versteckter sind, die aber für die Ausbildung globaler Kontexte zumindest ebenso wichtig sind: Globale Standards der Evaluierung, Leistungsmessung und Kontrolle von Unternehmen und anderen Organisationen wie vor allem Rating durch die Rating-Agenturen, global operierende Beratungsunternehmen, globale Standards für Rechnungslegung (accounting), Risikomanagement (Basel III) oder Qualitätsmanagement.

3 Gegenwärtige Herausforderungen des Regierens

Das fundamentale Spannungsfeld, das Globalisierungsprozesse aufbauen, und in welchem sich globale Governanz zu beweisen hat, lässt sich durch zwei Konfliktdimensionen bezeichnen: Zum einen die vielschichtige Auseinandersetzung zwischen den Gewinnern und den Verlierern der Globalisierung, sowie zum anderen die vielschichtigen Konstellationen des Zusammenspiels von Nationalstaaten und globalen Kontexten.

Bereits in den 1960er Jahren beschreibt Immanuel Wallerstein in der Tradition von Marx ein kapitalistisches Weltsystem, das sich durch die Dynamik der globalen Logik des Kapitals bildet und sich dadurch von nationalstaatlichen Grenzen löst. Dieses Weltsystem braucht keine Akteure, vielmehr folgen die Akteure einer Logik kapitalistischer Akkumulation, die sich hinter ihrem Rücken vollzieht. Es ist demnach die institutionelle Logik eines kapitalgetriebenen, entterritorialisierten Marktes, des Weltmarktes, die dem Weltsystem seine Form zuweist (zum Stand der Debatte siehe (Arrighi und Goldfrank 2000); zum Verhältnis des Weltsystems zu demokratischen Institutionen siehe (Markoff 1999) und (Sklair 1999)). Allerdings besteht für Wallerstein das Weltsystem vorrangig aus Nationalstaaten, die nur nach Zentrum, Peripherie und Semiperipherie unterschieden werden. Eine über die Nationalstaaten hinaus gehende Ebene von politischer Steuerung oder Governanz sieht Wallerstein gerade nicht und er benutzt auch nur selten den Begriff Globalisierung.

Die Stärke dieses Ansatzes ist darin zu sehen, dass er die grenzüberschreitende Logik des Kapitals ernst nimmt. Er betont die expansive Rolle der Ökonomie, die aus den engen Grenzen der Nationalstaaten hinaus drängt, nicht nur um größere Wirtschaftsräume zu formen, sondern eben auch, um den beschränkenden Regulierungen der nationalen Politiksysteme zu entkommen. Damit kommt zum Vorschein, dass in modernen Gesellschaften eine der Aufgaben von Politik immer schon darin besteht, einen adäquaten Rahmen für die Grenzen der Wirtschaft und des Wirtschaftens zu definieren und darüber eine Zähmung oder zumindest eine politisch-soziale Einbettung des Kapitalismus zu erreichen (Granovetter 1992).

Die Dynamik der Globalisierung führt zu einer Erschütterung nationalstaatlicher Bindungen und Begrenzungen. Sie zwingt die Nationalstaaten dazu, sich globaler Konkurrenz zu stellen. Sie begrenzt nationale Souveränität, nationale Regulierungskompetenzen, und verpflichtet die nationalstaatlichen Akteure – etwa mit den Regeln und Standards der WTO – dazu, Handelshemmnisse auszuräumen und fairen Regeln des internationalen Wirtschaftsaustausches zu folgen.

So vernünftig dies klingt, so klar gibt es Verlierer dieser Entwicklung – eben alle bislang geschützten und subventionierten Gruppen, Branchen und Regionen. Es ist daher nicht verwunderlich, dass diese sich gegen Globalisierung, Liberalisierung, Privatisierung etc. wehren und ihre Interessen verteidigen. Aber es ist die Frage, ob dies eine überzeugende Kritik an Prozess und Dynamik der Globalisierung abgibt. Eher ist anzunehmen, dass die Krise des Wohlfahrtsstaates und die Anhäufung der öffentlichen Verschuldung ohne den Reformanstoß der Globalisierung noch weiter verdrängt würde und die Kosten dieser Reformunfähigkeit weiter auf künftige Generationen abgewälzt würden.

Die Globalisierungskritik, die sich am ökonomischen Feindbild des Neoliberalismus entzündet (Ayres 2004), beleuchtet beispielhaft Rückwirkungen der Globalisierungsdynamik auf die nationalstaatliche Ebene. Während Globalisierung im Feld der Ökonomie auf eine Welt-Freihandelszone und einen einheitlichen Weltwirtschaftsraum drängt, erleben dies die Nationalstaaten zunächst häufig als Bedrohung und Herausforderung. Die nationalstaatlichen politischen Systeme sehen ihre lieb gewordenen Möglichkeiten beeinträchtigt, mit dem Zuckerbrot von Subventionen und anderen wohlfahrtstaatlichen Wohltaten politischen Einfluss auszuüben und politischem Druck nachzugeben. Aber was soll an dieser Herausforderung von Liberalisierung und

3 Gegenwärtige Herausforderungen des Regierens

Entstaatlichung aus einer gesellschaftspolitischen Perspektive falsch sein?

Es gibt analoge Erfahrungen mit der Politik der Europäischen Union (EU). Obwohl die Politik und die Richtlinien der Kommission häufig kritisiert werden, nutzen viele nationalstaatlichen Regierungen die Vorgaben der EU, um (mit entschuldigendem Verweis auf den Zwang der EU) endlich Reformvorhaben umzusetzen, die sie aus eigener Kraft gegen die inneren politischen Interessengruppen nicht hätten durchsetzen können. Brisant ist dieser Zusammenhang für die EU mit der Euro-Krise geworden, weil für Mitgliedsstaaten wie Griechenland, Spanien oder Italien mit wenig Marktorientierung und einer verknöcherten und teils massiv korrupten Staatsadministration nun die Zumutungen von Marktöffnung, Befreiung von korporatistischen Strukturen und anderen Wettbewerbsverzerrungen sehr schmerzhaften Anpassungsprozesse erzwingen. Dies bringt Widerstand und nationalistische Strömungen ins Spiel, macht also für die betroffenen Länder Regieren dramatisch schwierig.

Hieran wird deutlich, dass das Weltsystem heute als föderaler Zusammenhang betrachtet werden muss, der von der lokalen bis zur globalen Ebene reicht. Zwischen den Ebenen spielt sich eine Mehrebenen-Politik ein, die oft zu unerwarteten Verknüpfungen, lateralen Relationen, Koalitionen und Spiegelfechtereien führt (mit entsprechenden Schuldzuweisungen oder Zuschreibungen von Erfolgen). Was auf der Ebene von Regionen, Nationen (z. B. nationale Standortpolitik) ökonomisch geboten oder sinnvoll erscheint, kann sich auf der Ebene von Organisationen oder Personen ganz anders darstellen. Theorien der Globalisierung unterscheiden sich auch darin, auf welche Ebene eines Mehrebenen-Systems sie ihr Augenmerk legen und welche Ebenen sie ausklammern.

Während der ökonomistische Ansatz zu einseitig die Ökonomie in den Vordergrund rückt, ist der institutionalistische (oder auch staatszentrierte oder etatistische) Ansatz davon überzeugt, dass nach wie vor die Nationalstaaten die entscheidenden und wichtigsten Akteure des internationalen Systems sind: „States are for the most part exactly what they have always been, the most important actors in the modern international system" (Krasner 2001, S. 6).

Im Vergleich werden die komplementären Kurzsichtigkeiten beider Ansätze besonders deutlich. Dennoch ist auch dem institutionalistischen Ansatz zunächst zuzugestehen, dass er Stärken hat: So tritt er dem Überschwang der „Hyperglobalisten" (ein Begriff von David Held) entgegen, die vom „Ende des Nationalstaates" (Guéhenno 1995) oder vom Ende nationaler Politik reden (Ohmae 1995). Sicherlich gibt es noch für lange Zeit den Nationalstaat und nationalstaatlich organisierte Politik. Die passendere Frage ist, in welche Richtung und in welchem Ausmaß Globalisierungsprozesse und globale Institutionen die Rolle der Nationalstaaten verändern und welche Bedeutung der nationalen Politik im Konzert einer Mehrebenen-Politik bleibt, die von der kommunalen bis zur globalen Ebene reicht.

Um einschätzen zu können, welche Rolle dem Nationalstaat bleibt, ist es hilfreich sich klar zu machen, welche Rolle er denn typischerweise in modernen Demokratien spielt. In all ihrer machtgestützten Souveränität hat die Politik der Demokratien es *ausschließlich* damit zu tun, die Vorbedingungen der Operationsmöglichkeiten gesellschaftlicher Funktionssysteme zu schaffen und deren negative Externalitäten gesellschaftsverträglich abzuarbeiten. Die einzigen Ausnahmen sind die Kollektivgüter des Schutzes gegen äußere und innere Feinde, also Friede und Rechtssicherheit und die Erhebung von Steuern zur Finanzierung dieser Aufgaben, also Steuerhoheit. Ansonsten aber ist die Politik der Reparaturbetrieb einer hochkomplexen, risikoreichen und in vielen Hinsichten nicht mehr steuerbaren Gesellschaftsmaschinerie, welche von den Operationslogiken funktional differenzierter Teilsysteme getrieben wird. Die hellsichtigste Politik lässt sich deshalb dort beobachten, wo sie nicht nur auf die übliche

3 Gegenwärtige Herausforderungen des Regierens 79

Bruchquote der Funktionssysteme wartet, sondern voraussieht, dass in die Operationslogik autonomer gesellschaftlicher Funktionssysteme eine expansive, selbstzerstörerische Dynamik eingebaut ist, die sich paradoxerweise gerade ihrem Erfolg verdankt. Die Erfindung des Sozialstaates gründet auf einer solchen Hellsichtigkeit. Die heute erforderlich erscheinende grundlegende Revision des Sozialstaates setzt eine vergleichbare Leistung politischer Hellsichtigkeit voraus.

Bei aller Unterschiedlichkeit der Logiken der gesellschaftlichen Funktionssysteme entspringt die Interdependenz von Politik und Ökonomie der Notwendigkeit wechselseitiger Begrenzung – jedenfalls solange die Systeme diese Begrenzung nicht selbst leisten (können). Die Erfindung des Sozialstaates aktivierte eine politische Begrenzung der Ökonomie an dem Punkt, an welchem die Logik der Marktökonomie den Grad normalisierter Zerstörung (etwa in der Form, dass weniger innovative Unternehmen vom Markt verdrängt werden) und den Grad normalisierter negativer Externalitäten (etwa in Form von Arbeitslosigkeit oder Umweltschäden) so weit getrieben hatte, dass die Destruktion nicht durch Kreation, die Schaffung neuer Möglichkeiten, ausbalanciert oder zumindest erträglich gemacht wird (Scharpf 1993b). Die Globalisierungsdynamik verschiebt diese eingespielte Balance zwischen Politik und Ökonomie zugunsten höherer Freiheitsgrade der Ökonomie, weil den Firmen und insbesondere den transnationalen Korporationen nun der Weg nach draußen offen steht: Sie können damit winken oder drohen, sich einen Standort außerhalb des Einflussbereichs einer bestimmten nationalen Politik zu suchen, die ihnen nicht passt.

Zugleich aber hat diese Veränderung der Balance auch positive Seiten: Sie zwingt die nationalen Politiken dazu, sich strategisch auszurichten, sich im Wettbewerb der Steuerungsregime konkurrenzfähig zu machen, effizienter und effektiver zu werden, insgesamt also Managementkompetenzen und Steuerungsfähigkeiten zu entwickeln, um damit eine neue Qualität des Regierens zu etablieren. Das Kernproblem der Politiksysteme moderner Demokratien ist nicht, dass sie zu viel Macht hätten, sondern eher, dass sie über zu wenig Macht verfügen und daher zum Spielball gesellschaftlicher Kräfte werden, die nur ihre eigenen kurzsichtigen Interessen verfolgen. Der Veränderungsdruck, den die Globalisierung auf die Politiksysteme ausübt, könnte sich demnach als sehr heilsam erweisen und die Rolle der nationalstaatlichen Politik eher stärken als schwächen.

Dem gegenüber liegt den Argumenten der Vertreter des etatistischen Ansatzes oft eine deutliche Überschätzung des Staates und ein monolithisches Bild der Politik zugrunde. Beispielhaft gilt dies für Stephen Krasner. Er überschätzt die Rolle des Staates im Kontext der Globalisierungsprozesse im Allgemeinen und unterschätzt gleichzeitig die Bedeutung globaler Institutionen und transnationaler Organisationen: „the claim that intergovernmental organizations have displaced states is wrong. International organizations, whether regional or universal, are created by states because they serve the functional interests of political leaders" (Krasner 2001, S. 6). Der erste Teil des Arguments ist unzweifelhaft richtig, aber der zweite Teil überzieht die Gegenposition völlig. Obwohl Krasner im Anschluss an dieses Argument zugibt, dass transnationale oder globale Institutionen nach ihrer Gründung ein Eigenleben entwickeln können, bleibt er dabei, dass sie im Interesse der Nationalstaaten operieren: „Rather they are instruments through which national political leaders can enhance their interests" (Krasner 2001, S. 7).

Diese Argumente sind weder theoretisch noch empirisch plausibel. Einrichtungen wie die WTO oder die Weltbank, aber auch ILO oder das IOC zeigen immer wieder, dass sie nach kurzer Anlaufzeit ihre eigenen Interessen und Logiken entwickeln und auch gegen die Interessen ihrer Gründungsmitglieder entscheiden können. So hat die WTO etwa im Zuckerfall für Brasilien, Australien und Thailand und gegen die EU entschieden oder 2013 im Casino-Fall für das kleine Antigua und gegen die USA.

Hinzu kommt, dass die politischen Interessenkonstellationen der Nationalstaaten sich periodisch ändern und die transnationalen Organisationen rasch zu Faktoren und Akteuren komplexer politischer Entscheidungsprozesse werden. Dabei geht es weniger darum, dass sich ein einzelnes Land oder eine Staatengruppe durchsetzt, sondern eher darum, in einem fortlaufenden Prozess gangbare Kompromisse zu finden.

Die Rolle der Nationalstaaten ist demnach weder dominant noch irrelevant, sondern je nach Kontext und Dimension der Globalisierung unterschiedlich, vielschichtig, komplex und mitunter auch in sich widersprüchlich. Wichtiger noch ist, dass es keine einseitige Richtung der Beeinflussung gibt – weder von globalen Kontexten zu den Nationalstaaten noch von den Nationalstaaten zu den Einrichtungen globaler Governanz. Das eigentlich Interessante und Neue ist, dass es inzwischen Prozesse zirkulärer Vernetzung und wechselseitiger Beeinflussung gibt, die dazu führen, dass beide Seiten auf einander reagieren und einander als relevante Akteure und Entscheidungsfaktoren ernst nehmen. Das was Robert Keohane bereits in den 1980er Jahren für den Fall von Internationalen Regime treffend „issue density" genannt hat (Keohane 1983, S. 155), hat sich in vielen Feldern der Globalisierung noch verstärkt. Viele grenzüberschreitende Probleme wie Armut, Klima, Seuchen, Umweltzerstörung, Kriminalität und Geldwäsche oder Migrationsbewegungen lassen sich weder von den Nationalstaaten allein noch von den bislang etablierten Steuerungsinstitutionen lateraler Weltsysteme allein auch nur einigermaßen adäquat regulieren, sondern nur durch kluge Formen der Verschränkung und Rückkopplung.

Eine theoretisch anspruchsvolle Analyse hierzu hat Saskia Sassen vorgelegt. Sie ist auf der Suche nach einer analytischen Rekonstruktion „of the dynamics of interaction and overlap within each the global and the national and between them". Sie betrachtet dieses interaktive Kräftefeld als „a spatio-temporal order with considerable internal differentiation and growing mutual imbrication (imbrication = Verschachtelung, Überlagerung). These internal differences may relate to each other in cumulative, conflictive, neutral or disjunctive modes" (Sassen 1999, S. 1). Damit liefert sie eine gute Beschreibung dafür, dass Globalisierung das Geschäft des Regierens für die Nationalstaaten schwieriger macht.

Die liberal-demokratische Antwort auf den neo-marxistischen „world-systems" Ansatz war bereits in den 1960er Jahren die Modernisierungstheorie, die international von Autoren wie Shmuel Eisenstadt, Reinhard Bendix oder Stein Rokkan und in Deutschland etwa von Wolfgang Zapf betrieben wurde. Grundlage der Modernisierungstheorie ist die Überzeugung, dass das westliche Modell der entwickelten demokratischen Gesellschaften sich nach und nach zwangsläufig weltweit durchsetzen wird, weil es keine bessere stabile Alternative gibt und sowohl die (damaligen) sozialistischen Gesellschaften wie auch die Entwicklungsländer mit zunehmendem Wohlstand und höherem Bildungsniveau irgendwann den Kurs der westlichen Vorbilder einschlagen würden.

Bevor man diese sicherlich ethnozentrische Perspektive der Naivität bezichtigt, sollte man nicht unterschlagen, dass sich immerhin der erste Teil dieser Erwartung mit dem Jahr 1989 furios und nahezu flächendeckend bewahrheitet hat. Viele der ehemals sozialistischen Länder streben eine Mitgliedschaft in der EU an oder haben sie bereits erreicht. Hier hat sich die Attraktivität des westlichen Modells empirisch in aller Klarheit erwiesen. Dagegen müssen die Erwartungen der Modernisierungstheorie hinsichtlich der Entwicklungsländer als gescheitert gelten. Auch das neue Phänomen eines organisierten fundamentalistischen Terrors, der sich in seiner eigenen Sicht als Kulturkampf versteht, passt nicht in das Weltbild der Modernisierungstheorie und widerspricht den Grundannahmen des Ansatzes.

Dennoch hat die Modernisierungstheorie im world-polity Ansatz eine Fortsetzung gefunden, die etwa von John Meyer seit den 1970er Jahren beharrlich verfolgt wird (Meyer 2000). Ebenso der

3 Gegenwärtige Herausforderungen des Regierens 83

verwandte Global-culture-Ansatz, der von Robert Robertson vertreten wird. Diese Denkrichtung folgt einer Spur, die von Marx, Weber, Durkheim, Elias und anderen Klassikern der Soziologie gelegt wurde. Sie verweist auf eine Entwicklungsrichtung der Moderne, wonach eine schrittweise Zivilisierung und Modernisierung alle Gesellschaften mit ähnlichen Merkmalen, Kerninstitutionen und Grundstrukturen ausstattet. Dadurch, so die Hypothese, gleichen sich die unterschiedlichen Gesellschaften im Zuge einer laufenden Modernisierung an und bilden nach und nach einen Zusammenhang, der durch Homogenität der Kernelemente gekennzeichnet ist.

Kein Vertreter dieses Ansatzes ist so naiv, eine vollständige Homogenität der Gesellschaften der Gegenwart anzunehmen. Auch Meyer sieht selbstverständlich, dass es regionale, nationale, ethnische oder kulturelle Unterschiede gibt. Und Robertson hat sogar den Begriff der Glokalisierung geprägt, welcher das Zusammenspiel von Globalität und Lokalität deutlich machen soll (Robertson 1998). Dennoch heißt der Untertitel von Meyers Buch über Weltkultur bezeichnenderweise: „Wie die westlichen Prinzipien die Welt durchdringen" (Meyer 2005). Darin drückt sich die Erwartung des world-polity Ansatzes aus, dass gegenüber den nach wie vor bestehenden Unterschieden sich am Ende und nachhaltig doch eine globale Homogenität hinsichtlich der Kerneinrichtungen, Handlungsformen und institutionellen Grundlagen moderner Gesellschaften durchsetzen wird.

Aus heutiger Sicht ist es trivial, diesen frühen institutionellen Ansätzen eine gewisse Naivität und eine Verengung des Blickfelds auf den westlichen Modus vorzuwerfen. Bemerkenswert bleibt dann, dass selbst noch die gegenwärtige Konzeption der „world institutions" von John Meyer nahezu ungebrochen diesen Linien folgt. Meyer sieht die Institutionen der Moderne, von Demokratie über Schule und Universität bis zu Kultur und Individualismus als universal gültig, legitim und attraktiv an. Er erwartet deshalb eine ungebrochene globale Ausbreitung dieser

Institutionen und die Entwicklung eines globalen Systems auf der Grundlage dieser Institutionen.

Umgekehrt folgert etwa Stephen Krasner aus einer nationalstaatlich orientierten Perspektive, dass es gerade diese Institutionen sind, die aufgrund ihrer Verankerung in den Nationalstaaten eine Weltgesellschaft verhindern. Nach Krasner sind es nach wie vor die Nationalstaaten, welche die Regeln für Institutionen und nicht-staatliche Akteure setzen. Es sind die Nationalstaaten, welche interne Interessengruppen vor den Auswirkungen internationaler Transaktionen schützen und welche sogar die Regeln für dies internationalen Transaktionsregimes definieren (Krasner 2001).

Deutlich andere Akzente setzt eine systemtheoretische Analyse von Folgen und Wirkungen der Globalisierung für politische Steuerung. Markante Punkte dazu sind die Idee der Weltgesellschaft und das Konzept lateraler Weltsysteme.

Für Luhmann ergibt sich ein Verständnis von Globalisierung als Weltgesellschaft geradezu zwangsläufig aus seinem Gesellschaftsbegriff. Luhmann definiert Gesellschaft als das Ensemble aller für einander erreichbarer Kommunikationen. Damit ist heute mögliche Gesellschaft für ihn zwingend Weltgesellschaft, weil in der Tat Kommunikationen heute weltweit für einander erreichbar sind (Luhmann 1997, S. 78 ff.). Diese rein definitorische Lösung des Problems des Begriffs der Weltgesellschaft erscheint aus mehreren Gründen als unzureichend. Im Kern beschreibt Luhmanns Begriff das Soziale insgesamt und undifferenziert, nicht aber das Spezifische der Gesellschaft als Ordnungsform im Medium des Sozialen (ausführlich zur Kritik Willke 2000). Rudolf Stichweh hat Thematik und Theorie der Weltgesellschaft in systemtheoretischer Sicht weiter entwickelt. Er geht von einem globalen Kommunikationssystem aus und analysiert auf dieser Basis unterschiedliche Aspekte einer Theorie der Weltgesellschaft (Stichweh 2000).

Dem gegenüber halte ich nachdrücklich daran fest, dass man von Weltgesellschaft in einem soziologisch gehaltvollen Sinn erst

3 Gegenwärtige Herausforderungen des Regierens 85

dann reden kann, wenn sie als Form von *Gesellschaft* begründet ist. Dazu reicht weder aus, dass sie aus allen Kommunikationen oder allen Individuen der Welt besteht – das wäre die Gesamtheit des Sozialen, das was Luhmann selbst als den „Gesamtbereich alles Sozialen" bezeichnet (Luhmann 2000a, S. 11) – noch dass sie über globale Institutionen verfügt – das wäre eine Begründung für erfolgreiche Globalisierungsprozesse – noch dass sie eine Realität jenseits der Realität der Nationalstaaten darstellt – das wäre eine Begründung für transnationale oder globale Kontexte.

Dem gegenüber ist der Ausgangspunkt einer systemtheoretisch gearbeiteten Steuerungstheorie die These, dass Weltgesellschaft sich als spezifische Organisierungsform des Sozialen erst dann formt, wenn ein kommunikativ konstituierter globaler Kontext die Fähigkeit der Selbststeuerung ausbildet. Dies meint, dass die Weltgesellschaft in der Lage sein müsste, ihre *Ordnungsform* als Balance notwendiger Ordnung und möglicher Unordnung selber zu bestimmen. Sie muss fähig sein, eine entsprechende Balance zwischen Homogenität und Heterogenität zu stabilisieren und mithin steuernd in den naturwüchsig ablaufenden evolutionären Prozess einzugreifen.

Solange das, was in einem Diskurs als Weltgesellschaft bezeichnet wird, nichts anderes ist als eine Ansammlung von Individuen, Nationalstaaten, spezifischen Institutionen der Modern oder was immer, ist die Rede sicherlich zu Recht von einem sozialen Kontext, zu Unrecht aber von einer Gesellschaft. Für nationalstaatlich organisierte Gesellschaften erscheint dies als selbstverständlich. Sie haben sich mit dem politischen System eine Instanz der Selbststeuerung gegeben, die ganz offensichtlich mit Gesetzen, Programmen, Maßnahmen etc. in den naturwüchsigen Lauf der Dinge eingreift um *bestimmte* Ziele zu erreichen. Genau dies aber fehlt dem globalen Kontext. Es gibt keine Weltregierung, keine Weltpolitik, keine Weltparteien und schon gar nicht eine globale Demokratie – und es wird dies auch für lange Zeit nicht geben. Damit ist die Fähigkeit einer globalen Selbststeuerung nicht nur fraglich, sondern nicht existent. Tatsächlich ist die Situation kompliziert, weil Globalisierung zwar nicht zu der Fähigkeit einer politischen Steuerung des Globalen geführt hat, aber doch immerhin zu den verschiedensten Formen dezentraler, funktionsspezifischer Selbststeuerung in Gebilden, die ich laterale Weltsysteme nenne (Willke 2001a, Kap. 3.3).

Die Konzeption lateraler Weltsysteme verweist darauf, dass die großen Funktionssysteme moderner nationalstaatlich organisierter Gesellschaften, (insbesondere Ökonomie, Finanzen, Wissenschaft, Massenmedien, Erziehung, Gesundheit etc.) aus den territorialen Bindungen des Nationalstaates ausbrechen und sich zu *globalen Kontexten* vernetzen. Ihre jeweilige Eigendynamik und Selbstreferenz prägt ihre Operationsweise nachhaltiger als die (bisherige) Anbindung an die Muttergesellschaften. Sie orientieren sich weg von den Rücksichten auf ihre nationalen Ursprungssysteme und hin zu einer eigensinnigen operativ geschlossener Optimierung ihrer je eigenen Logik. Die Folgen sind globale Konkurrenz, Outsourcing, De-Industrialisierung der Ersten Welt, Deregulierung, Privatisierung und insgesamt eine klare Schwächung der Steuerungsfähigkeit staatlicher Akteure und Instanzen. Paradigmatisch dafür kann das globale Finanzsystem stehen, das sich seit Reagan und Thatcher weitgehend von nationalstaatlichen Bindungen und Regulierungen befreit hat und am Ende in seiner Eigenmächtigkeit zu einer ernsthaften Bedrohung der Finanzen und Wirtschaften vieler Nationalstaaten geworden ist.

Die in der unregulierten Eigendynamik lateraler Weltsysteme entstehenden „systemischen Risiken" (Willke 2010b; Willke 2011b) sind nicht auf das globale Finanzsystem beschränkt, aber sie haben dort zu einer manifesten Krise geführt, deren Lehren auf für andere laterale Weltsysteme beachtet werden sollten. Die steuerungstheoretische Problematik der Weltgesellschaft liegt darin, dass die bislang nationalstaatlich verfassten Gesellschaften durch die Herauslösung bestimmter Funktionssysteme – wie etwa Ökonomie, Finanzsystem, Wissenschaft oder Kunst – aus dem Kontext territorialer Einbindung und gesellschaftlicher Selbststeuerung in ihren Fundamenten erschüttert werden, während neue Formen der Restabilisierung noch nicht erkennbar sind. Insbesondere leistet der entstehende globale Kontext diese Restabilisierung noch nicht, weil auch nicht ansatzweise Kapazitäten der globalen Selbststeuerung institutionalisiert sind. Damit ist es nach der hier zugrunde gelegten Begrifflichkeit bislang voreilig, von einer Weltgesellschaft zu sprechen. Beobachtbar ist allerdings, dass sich die lateralen Weltsysteme – etwa für Wirtschaft, Finanzen, Wissen, Medien, Kunst, Sport etc. – aus den Begrenzungen der Nationalstaaten heraus lösen und dadurch globale Kontexte hochspezifischer Kommunikation bilden. Sie konsolidieren sich durch eigene Steuerungsinstanzen, auch wenn diese (noch) nicht umfassend ausgebildet sind und insofern noch nicht die Qualität von Gesellschaft erreichen.

Anstatt sich in den Rahmen der Nationalstaaten einzupassen, können die Funktionssysteme als laterale Weltsysteme noch stärker auf Selbststeuerung setzen als sie dies bislang schon tun. Anstatt ihre Rahmenbedingungen von einer nationalstaatlich organisierten Politik zu beziehen, könnten sie einen Großteil dieser Kontextparameter in wechselseitiger Abstimmung selbst schaffen und sich dadurch aus der Vormundschaft der Politik emanzipieren. Dies gilt umso mehr als die Funktionssysteme bereits weit aus dem Schatten der Politik heraus getreten sind. Sie haben eigene Kompetenzen entwickelt und vertreten eigene Interessen. Sie verstehen ihr eigenes Geschäft besser als die Politik und sie zeigen sich zunehmend unwillig, die Interventionen und Steuerungsversuche der Politik zu akzeptieren und umzusetzen. Bereits seit den 1970er Jahren wird dies unter den Stichworten der Implementationsprobleme (Mayntz 1983; Wildavsky 1973) und der Grenzen des Regierens (Strange 1995) thematisiert. Mit der Globalisierung kommt hinzu, dass die Funktionssysteme ins

Globale ausweichen und sich somit gezielt dem Einfluss und dem Zugriff nationalstaatlicher Politik entziehen können.

Bemerkenswerterweise haben alle lateralen Weltsysteme Institutionen der Selbststeuerung ausgebildet. Einige, wie die WTO für das Welthandelssystem oder die WHO für das Weltgesundheitssystem, sind von den Nationalstaaten selbst als internationale oder transnationale Einrichtungen gegründet worden. Andere, wie die BIZ für das globale Finanzsystem oder das ICRC für Katastrophenhilfe sind gewissermaßen als Einrichtungen der Selbststeuerung der lateralen Weltsysteme organisiert worden. Besonders aufschlussreich ist der Fall des globalen Finanzsystems, der im Folgenden in einer knappen Fallstudie skizziert werden soll.

3.1.1 Fallstudie: Politische Steuerung des globalen Finanzsystems?

Eine ebenso aktuelle wie brisante Herausforderung für Regieren stellen die globale Finanzkrise und ihre Folgen dar. Dass es mit der Kunst des Regierens und den Fähigkeiten zu politischen Steuerung nicht besonders gut bestellt ist, war keine ganz überraschende Erkenntnis aus der Krise. Dass aber die Krise bislang das Selbstverständnis der relevanten Institutionen und Akteure so wenig erschüttert hat, ist dann doch erstaunlich. „A crisis is a terrible thing to waste" hat der Ökonom Paul Romer im November 2004 bei einem Treffen von Wagnis-Kapital-Firmen gesagt. Zumindest mit Blick auf politische Steuerung trifft die Aussage Romers ins Schwarze.

Mehrere Institutionen des globalen Finanzsystems wie der Basler Ausschuss, die International Organization of Securities Commissions (IOSCO) in Montreal, die Weltbank, der Internationale Währungsfond, die Group of Thirty, das Institute of International Finance (IIF), die US Federal Reserve Bank und die Europäische Zentralbank (ECB), das Financial Stability Board mit dem neu eingerichteten FSOC (Financial Stability Oversight Council), das europäische ESRB (European Systemic Risk Board) und einige andere nationale Aufsichtsbehörden und Gesetzgeber bilden ein globales Netz öffentlicher, privater und privat-öffentlicher Einrichtungen, die über eine kritische Masse an Expertise verfügen, um eine gewisse Steuerung des globalen Finanzsystems zu erreichen, auch wenn die Steuerungsmodelle erst ganz am Anfang ihrer Entwicklung stehen. Die Kernidee dieses auf globale Reichweite zielenden Zusammenspiels nationaler und transnationaler Einrichtungen besteht darin, den wachsenden Ungewissheiten eines global vernetzten Finanzsystems ausgereiftere und dynamischere Modelle des Umgangs mit Risiken gegenüberzustellen.

Beispielhaft sind an diesem Prozess die Elemente eines neuen globalen Steuerungsregimes im Finanzsystem erkennbar. In einem vielschichtigen Wechselspiel zwischen privaten, öffentlichen und quasi-öffentlichen Akteuren auf globaler, transnationaler, nationaler und lokaler Ebene bilden sich Mechanismen der geordneten Verschränkung von Kontextsteuerung und Selbststeuerung heraus, die kein einzelner Akteur beherrscht oder diktiert und die vor keinem Gericht verbindlich einklagbar sind. Dennoch erzwingt die geteilte Einsicht der relevanten Akteure in die Notwendigkeit einer Anpassung des Steuerungsregimes des globalen Finanzsystems an neue Bedingungen jenen Problemdruck, der eine kollektive Selbstbindung ermöglicht. Ein Beobachter der Entwicklung des Baseler Abkommens (Basel II) beschrieb dies so:

> It is not the technicalities that are important here, but the recognition that the world's finance is no longer carried on by separate national banking systems dealing with each other at arms' length. It is dominated by multinational institutions that will soon have grown entirely beyond the reach of country-by-country regulation, unless the world's regulators can get together to enforce these kinds of rules (Reinicke 1998, S. 112 f.).

Allerdings lässt sich nicht verheimlichen, dass trotz dieser überaus elaborierten und aufwändigen Architektur der Selbststeuerung des globalen Finanzsystems in den Jahren 2007/2008 eine Katastrophe hereinbrach, deren massive Folgen bis heute andauern, und die unter anderem zur Euro-Krise und zu einer weiteren massiven Verschuldung der öffentlichen Haushalte vieler Nationalstaaten geführt hat. Einige der Faktoren dieser Steuerungskatastrophe sollen im Folgenden skizziert werden.

Als entscheidendes Hindernis gelingender Steuerung muss nach wie vor das Spannungsverhältnis zwischen nationalen (Steuerungs-)Interessen einerseits und den vielfältigen Anstrengungen transnationaler und globaler Steuerung verstanden werden. Die Finanzkrise hat die Defizite internationaler Kooperation in Sachen Bankenaufsicht, Regulierung, Risikomanagement und Kontrolle schonungslos aufgedeckt. Dennoch können sich auch noch 2013 die Staaten der EU nicht auf eine Finanztransaktionssteuer einigen, weil vor allem Großbritannien und Schweden dies mit Rücksicht auf ihre Finanzplätze ablehnen. Anfang 2013 stellt Jeff Lacker als Mitglied der (US) Federal Reserve Bank eher resigniert fest, dass internationale Kooperation im globalen Finanzsystem wenig aussichtsreich sei. In der Bankenregulierung, die ebenfalls zu den Aufgaben der Federal Reserve gehört, verteidigte er eine stärker nationale Orientierung der Aufsicht. „Wenn eine große Bank in Probleme gerät, dann gibt es zwei Möglichkeiten, damit umzugehen. Entweder man versucht schnell, die relevanten Bankaufseher weltweit zusammenzubekommen. Oder man versucht sicherzustellen, dass man das Problem vor Ort löst und eine Ansteckung anderer Länder verhindert. Ich finde, Letzteres ist ein überzeugender Ansatz" (Lacker 2013).

Dieser Ansicht stehen allerdings gewichtige Gründe gegenüber, die dafür sprechen, dass ein nationaler Ansatz der Steuerung des globalen Finanzsystems aussichtslos ist und eher eine Verbrämung nationaler Interessen und Egoismen offenbart. Denn die eigentlich gefährlichen Risiken – systemische Risiken – entstehen

3 Gegenwärtige Herausforderungen des Regierens 91

im Finanzsystem durch globale Vernetzung mit der Folge einer engen Kopplung und wechselseitigen Abhängigkeit von Finanzinstituten, durch globale Ansteckung („contagion") mit unbekannten Risiken und schlechten Krediten, ein globales Schattenbankensystem, das sich der Regulierung entzogen hat und nun nach der Krise nur ganz zögerlich wieder eingefangen wird, und schließlich durch global operierende Finanzinstitute, deren Größe und Einfluss sie als „too big to fail" (TBTF) unverwundbar macht, weil sie die betroffenen Nationalstaaten zu ihrer Rettung zwingen können. Sie können die politischen Systeme dieser Staaten schlicht erpressen, weil sie mit ihrer Größe und Relevanz als Finanzfirmen nicht Bankrott gehen würden, ohne unerträgliche wirtschaftliche und politische Flurschäden anzurichten.

> Thus, we might define systemic risk as the risk that the failure of a particular quantum of institutions will result in a socially unacceptable macroeconomic contraction. Put differently, systemic risk is the risk of socially unbearable macroeconomic consequences of microeconomic failures … systemic risk is ultimately a political expression of social risk tolerance, rather than a measurable economic construct, equivalent to default risk, currency-conversion risk, or interest-rate risk. (Levitin 2011, S. 446 und 449).

Dieser weitgehend geteilten Problembeschreibung steht allerdings die konkrete Erfahrung gegenüber, dass die vielen transnationalen Einrichtungen der Selbststeuerung des globalen Finanzsystems vor und in der Krise versagt haben. Daraus den Schluss zu ziehen, dass deshalb eine nationale Steuerung vorzuziehen sei, erscheint allerdings kurzschlüssig. Tatsächlich haben in den wichtigsten Steuerungsinstitutionen wie Weltbank, Basler Ausschuss, FSB oder Group of Thirty einige Reformen und Neu-Orientierungen eingesetzt. Vor allem die Umorientierung des zugrunde liegenden Regulierungsmodells von isolierten Elementen zu Zusammenhängen des Finanzsystems – von *micro-prudential* zu *macro-prudential* – kann als Wendepunkt zu einem verbesserten Steuerungs- und Regulierungsregime verstanden werden (Borio 2011; Elliott 2011; FSB 2011; Galati und Moessner 2011).

Insgesamt gilt für die Steuerung des globalen Finanzsystems, was Julia Black so formuliert: „No single actor can hope to dominate the regulatory process unilaterally as all actors can be severely restricted in reaching their own objectives not just by limitations in their own knowledge but also by the autonomy of others" (Black 2002, S. 5). Auch wenn dieses Steuerungsregime noch weit davon entfernt ist, hinreichend und im Sinne brauchbarer Steuerung zufriedenstellend zu sein, so zeigt es doch deutlich, dass Einrichtungen der globalen Steuerung reform- und lernfähig sind, trotz des massiven Gegenwindes durch nationale Interessen und Egoismen. Es geht daher in der Abwägung zwischen nationaler politischer Steuerung des Finanzsystems und transnationaler Institutionen der Steuerung und Regulierung nicht um ein Entweder-oder, sondern um den schwierigeren Weg, geeignete Formen der Verschränkung und Verschachtelung beider Seiten zu finden, die verlässliche Koordination und internationale Kooperation ermutigen, ohne die berechtigten Interessen der Nationalstaaten zu ignorieren.

Zweifelsohne ist dies leichter gesagt als getan. So tut sich selbst die EU, die doch einige Erfahrung in überstaatlicher Kooperation aufzuweisen hat, äußerst schwer, der massiven Bedrohung durch systemische Risiken eine koordinierte Politik der Regulierung und Steuerung entgegen zu stellen. Sie hat zwar immerhin den Schritt gemacht, das ESRB im Januar 2011 zu gründen, hat die Institution aber so miserabel und ungeschickt konstruiert, dass sie nahezu handlungsunfähig ist und der Eindruck entstehen muss, dass die EU an einer wirksamen Regulierung systemischer Risiken gar nicht interessiert ist: „This lumbering army of 61 central bankers and related bureaucrats is a body clearly designed for maximum inefficiency; it is too big, it is too homogeneous, it lacks independence, and its members are already sufficiently employed" (Sibert 2010, S. 4). „Even though some powers were given to the newly created bodies, they essentially remain paper tigers" (Di Mauro 2010, S. 181).

Trotz dieser Kritik ist im Auge zu behalten, dass es naiv wäre, von den (beteiligten) Nationalstaaten eine altruistische Haltung zu erwarten. Ihre Regierungen, d. h. ihre tragenden Parteien und politischen Akteure sind primär daran interessiert, an der Macht zu bleiben und die nächste Wahl zu gewinnen. Inhaltliche Überlegungen sind nicht irrelevant, aber sekundär. Vorrangig ist die Operationslogik des politischen Systems, die nach der Leitunterscheidung von Mehrheit/Minderheit funktioniert und damit die Regierung bestraft, die sich in demokratischen Wahlen nicht an der Macht halten kann. Dies schließt keineswegs immer kollektiv sinnvolle Entscheidungen aus, aber es macht den Weg zu solchen, die nationalen Eigeninteressen übergreifenden Regelungen erheblich schwieriger. Auf internationaler Ebene kommen solche Entscheidungen nur zustande, wenn die beteiligten Nationalstaaten ein *eigenes* Interesse an einer gemeinsamen Lösung haben. Daher kommt es darauf an, den Nationalstaaten den Nutzen einer gemeinsamen Lösung vor Augen zu führen und diesen Nutzen plausibel zu machen. Es erscheint nicht sinnvoll, an den Altruismus der Nationalstaaten zu appellieren. Vielmehr ist entscheidend, auf die Suche nach solchen Optionen zu gehen, die auch im Interesse der Nationalstaaten liegen.

Beispielsweise könnte eine Finanztransaktionssteuer – die Tobin-Steuer, die eine Dämpfung von Volumen und Geschwindigkeit vor allem kurzfristiger Spekulationen bewirken soll – durchaus im Interesse der Nationalstaaten sein, weil sie dadurch ihre Steuereinnahmen erhöhen. Allerdings könnte sie gleichzeitig bestimmte Finanzplätze, wie etwa London, stärker negativ treffen als etwa Frankfurt oder Paris. Daher ist es bislang nicht gelungen, eine EU-weite Einführung zu bewerkstelligen. Ähnliche Kalküle spielen bei der Antwort auf die Frage eine Rolle, ob die Geschäftsfelder der Banken getrennt werden sollten (vor allem in die beiden Bereiche Bankengeschäft und Investitionsgeschäft), um ihre Größe zu beschränken. Die EU-Kommission setzte eine „High-Level Expert Group" zur Untersuchung dieser Frage ein, die im Oktober 2012 ihren Abschlussbericht vorlegte mit der klaren Empfehlung: „the Group's conclusion is that it is necessary to require legal separation of certain particularly risky financial activities from deposit-taking banks within a banking group" (Liikanen 2012, S. 1). Der Kommission ging es darum, den gesamten Handel einschließlich der Marktpflege vom Einlagengeschäft abzutrennen, weil die Abgrenzung sonst praktisch unmöglich sei. Diese als riskanter eingeschätzten Teile könnten zwar unter einem Holding-Dach bleiben, müssten aber getrennt mit Kapital ausgestattet werden, was ihre Refinanzierung verteuern würde. Während Frankreich, Deutschland und die ECB die Vorschläge begrüßten, stellte sich EU-Binnenmarktkommissar Barnier gegen die Ergebnisse der Kommission um den finnischen Notenbank-Chef Erkki Liikanen, was auf einen enormen Druck des Finanzsektors schließen lässt.

Ganz schwierig wird es beim Problem der systemischen Risiken, weil sie komplex zusammengesetzt sind und jeder Nationalstaat unterschiedliche Interessen und Rücksichten in den Vordergrund rückt. Dennoch ist im Gefolge der globalen Finanzkrise erkennbar, dass der Druck zunimmt, zu gemeinsamen, möglichst globalen Lösungen zu kommen, weil die Kosten einer weiteren Katastrophe für alle Betroffenen steigen (Basel Committee 2010; Commission 2011; Goldin und Vogel 2010).

3.1.2 Globale Kollektivgüter

Gemeinsames Regieren im globalen Maßstab wird dort zu einem brisanten und folgenreichen Problem, wo für die Welt als Ganze bestandskritische Funktionen oder Ressourcen betroffen sind. Allerdings ist zu beachten, dass *globale Kollektivgüter* nicht

3 Gegenwärtige Herausforderungen des Regierens

Tab. 3.1 Prioritäten der globalen Probleme

USA	China	EU
Nukleare Proliferation	Militärische Sicherheit	Wirtschafts-entwicklung
Klimawandel	Politische Stabilität	Gleichheit
Terrorismus	Wirtschaftsentwicklung	Armut
Energie	Umwelt	Klimawandel
Frieden/Konflikt	Energie	Ökologie
Armut	Internationale Institutionen	Energie
Stabilität des Finanzsystems		Migration Sicherheit

objektiv und für alle erkennbar einfach gegeben sind. Auch sie sind, wie Kollektivgüter auf nationalstaatlicher Ebene, Produkte von Einschätzungen, Analysen und Entscheidungen – und damit subjektiv und von vorhandener und nicht vorhandener Expertise abhängig. Auch wenn z. B. klar erscheint, dass der an vielen Indikatoren erkennbare Klimawandel eine globale Bedrohung darstellt, und somit ein nachhaltiges globale Klima als globales Kollektivgut betrachtet werden sollte, so gilt doch, dass diese Einschätzung von einer Fülle von kontroversen Theorien, Modellen, Messungen und Evaluationen abhängt, die von verschiedenen Staaten, Institutionen und Akteuren verschieden interpretiert werden.

Ein aufschlussreiches Beispiel ist die Einschätzung der Rangfolge (Priorisierung) globaler Kollektivgüter durch drei Weltmächte, die USA, China und die EU (siehe Tab. 3.1; Quellen: (Kunz 2009; Pascual 2009; Quingguo 2009). So spielt etwa militärische Sicherheit für die USA und China eine vorrangige Rolle, während für Europa diese Problematik durch die Stabilität der EU als überstaatliche Institution in den Hintergrund gerückt ist. Bei allen Mächten hat inzwischen Klima/Umwelt einen hohen

Stellenwert und darf so zweifelsohne als globales Kollektivgut gewertet werden.

Wie die gescheiterte Doha-Runde, Rio-Runde und das Scheitern verbindlicher Vereinbarungen zum Kyoto-Protokoll allerdings deutlich zeigen, bedeutet dies nicht automatisch auch, dass sich die Nationalstaaten damit auf gemeinsame Strategien und Maßnahmen zur Erhalten eines erträglichen globalen Klimas einigen können. „Eine reduzierte Fähigkeit der Nationalstaaten, gesellschaftlich gewünschte Zustände tatsächlich herbeizuführen, gepaart mit einer Entdemokratisierung von Politik aufgrund der gewachsenen Bedeutung von internationalen Institutionen, stellen ein Umfeld dar, in dem sich leicht soziale Kräfte bilden, die die politische Fragmentierung betreiben" (Zürn 1998, S. 27). Tatsächlich sind es dann vor allem politische Widerstände innerhalb der Nationalstaaten, welche globale oder transnationale Lösungen erschweren und sich wohl erst dann überwinden lassen, wenn die Krisen manifest und unübersehbar werden. Genau dies aber widerspricht der von Resilienz geforderten Qualität prophylaktischer und proaktiver Krisenpolitik. Es ist zu befürchten, dass sich dieses massive Dilemma nur auflösen lässt, wenn in den modernen Demokratien Zusatzeinrichtungen zur formalen Demokratie geschaffen werden, welche die Strategiefähigkeit, Lernfähigkeit und damit die Zukunftsfähigkeit dieser Demokratien über den Horizont der kurzen Legislaturperioden hinaus erweitern.

Damit kommt in den Blick, dass für die Gewährleistung globaler Kollektivgüter – oder bescheidener: für die Vermeidung von katastrophalen Zusammenbrüchen globaler Kollektivgüter wie etwa im Falle der globalen Finanzkrise – nicht nur adäquate transnationale und globale Institutionen des Regierens im Sinne von *global governance* geschaffen werden müssen, sondern dass darüber hinaus gerade auch auf lokaler und nationaler Ebene Mechanismen der Demokratie erforderlich sind, welche in die vorherrschende Logik kurzfristiger und eng begrenzter politischer

Kalküle neue Impulse einbringen. Globale soziale Bewegungen, wie etwa im Falle des Finanzsystems die in Brüssel agierende Organisation *Finance Watch*, globale NGOs, global agierende Stiftungen, Politiknetzwerke oder Think Tanks könnten eine solche die Demokratie erweiternde Rolle spielen. Auch wenn dies im Einzelnen umstritten, schwierig und problematisch ist, so steht doch außer Frage, dass eine dystopische Selbstschädigung nationalstaatlich organisierter Demokratien bereits erkennbar ist (Willke 2002) und korrigierende Ideen und Strategien notwendig sind, soll ein Scheitern der Demokratie in globalisierten Problemkonstellationen vermieden werden.

3.2 Wissensgesellschaft als Herausforderung des Regierens

Dieses mögliche Scheitern der Demokratie als Regierungsform wird durch die zweite große Herausforderung des Regierens nicht weniger bedrängend – die Herausforderung der Wissensgesellschaft. Von einer Wissensgesellschaft oder einer wissensbasierten Gesellschaft lässt sich sprechen, wenn die Strukturen und Prozesse der materiellen und symbolischen Reproduktion einer Gesellschaft so von wissensabhängigen Operationen durchdrungen sind, dass Informationsverarbeitung, symbolische Analyse und Expertensysteme gegenüber anderen Faktoren der Reproduktion vorrangig werden. Die Idee der Wissensgesellschaft als mögliche Form nach-industrieller und nach-kapitalistischer Gesellschaft hat nichts zu tun mit dem abwegigen Modell einer Wissenschaftsgesellschaft. Jedenfalls für den Fall moderner Gesellschaften kann nicht ein Funktionssystem, sei es Politik, Ökonomie oder Wissenschaft, für das Ganze stehen, ohne die Gesellschaft insgesamt zu deformieren. Zugleich sollte klar sein, dass auch in einer Wissensgesellschaft nicht alle Kommunikationen von Kriterien des Wissens geprägt sind. Damit ist gesagt, dass von einer Wissensgesellschaft nur gesprochen werden sollte, wenn qualitativ neue Formen der Wissensbasierung und Symbolisierung alle wesentlichen Bereiche einer Gesellschaft prägen.

Die Wissensgesellschaft existiert noch nicht, aber sie wirft ihre Schatten voraus. Mit dem Sieg der Gesellschaftsform der kapitalistischen Demokratie über den Sozialismus, dem Aufbau leistungsfähiger globaler digitaler Datennetze und der Verdichtung globaler Kontexte für lokales Handeln verliert der moderne Nationalstaat schrittweise Elemente seiner Bedeutung. Mit der Höherstufung von Produkten und Dienstleistungen zu wissensbasierten, professionellen Gütern verlieren die herkömmlichen Produktionsfaktoren (Land, Kapital, Arbeit) gegenüber der implizierten oder eingebauten Expertise dramatisch an Bedeutung und damit mutiert die moderne kapitalistische Ökonomie schrittweise zu einer post-kapitalistischen, wissensbasierten Produktionsform – zu einer ersten Ausprägung einer Wissensökonomie oder eines kognitiven Kapitalismus im Kontext der Wissensgesellschaft. Beide Elemente zusammen verändern das Gesicht der modernen Arbeits- und Wohlfahrtsgesellschaften grundlegend. Die für entwickelte Gesellschaften relevante Form der Arbeit wird Wissensarbeit, während herkömmliche Formen der einfachen Arbeit von Maschinen oder von Software übernommen werden oder in die noch verbliebenen Billiglohnländer abwandern.

So wie in der Wissensökonomie Brot und Schuhe zwar nicht irrelevant werden, aber als Güter einer agrarischen oder massenindustriellen Epoche als unproblematisch und selbstverständlich in den Hintergrund rücken, um Raum zu schaffen für die Dominanz wissensbasierter Güter, so rücken die traditionellen Kollektivgüter der nationalstaatlich organisierten Gesellschaften des Industriezeitalters in den Hintergrund oder verschwinden ganz aus der Reichweite politischer Verantwortung. Für eine ganze Reihe von ehemaligen Kollektivgütern ist dieser Prozess der Konversion zu Privatgütern bereits ganz oder weitgehend abgeschlossen: Post, Telekommunikation, Bahn, Standardisierung oder Energieversorgung.

Auf der anderen Seite provoziert die Wissensgesellschaft zumindest ein neues Kollektivgut, welches als *kollektive Intelligenz* bezeichnet werden kann. Kollektive Intelligenz meint eine emergente Eigenschaft von Sozialsystemen, die nicht auf der bloßen Aggregation individueller Intelligenzen gründet, sondern auf einer eigenständigen Intelligenz des Systems selbst. Nur für diese Komponente kommt in der Wissensgesellschaft auf die Politik eine neue Staatsaufgabe zu, wenn und soweit sich ein politisches System dafür verantwortlich erklärt, der Genese der Wissensgesellschaft durch entsprechende Infrastrukturen und Suprastrukturen den Weg zu bereiten. Streng analog lässt sich der legitime Aufgabenbereich eines Sozialstaates dadurch eingrenzen, dass es nicht um eine wohlfahrstaatliche Steigerung des individuellen Glücks geht, sondern darum, den unvermeidbaren kollektiven Risiken und Gefährdungslagen einer hochkomplexen Gesellschaft durch kollektive Systeme der Resilienz zu begegnen, wenn und soweit diese Gefährdungen individuelle Verantwortung übersteigen, also auf individuell nicht steuerbaren Systemdynamiken beruhen.

Kollektive Intelligenz, so habe ich in *Atopia* ausgeführt (Willke 2001a, Kap. 2.3.), ist für die individualistisch deformierte westliche Kultur des Wissens vor allem ein Affront gegen die Singularität des Menschen. Dabei ist diese Kultur selbst nichts anderes als eine großartige und großflächige Komposition von „Kondensstreifen aus kristallisierter Erfahrung" (Gelernter 2000). Komponenten kollektiver Intelligenz finden sich in allen Werkzeugen bis hin zu den Maschinerien der entwickeltsten Technologien. „One sees the continuing digital transformation of and astonishingly wide range of material artifacts and associated social practices. In one location after another, people are saying in effect: Let us take what exists now and restructure or replace it in digital format" (Winner 1997, S. 993). Sie finden sich ebenso in konfirmierten sozialen Praktiken, den Gedächtnissen von „epistemic communities" und „communities of practice", von Institutionen und Organisationen, in den materiellen oder ideellen Artefakten von Sprachen, Kulturen und anderen Symbolsystemen, die vergangene Lernerfahrungen festhalten. Es scheint, als trete die Idee kollektiver Intelligenz erst dann aus ihrer Latenz und als bekomme sie erst dann ihren bedrohlichen Beiklang, wenn sie nicht die Vergemeinschaftung vergangener Lernerfahrungen als selbstverständlichen Hintergrund des Wissens invisibilisiert, sondern sich auf aktuelle Anstrengungen der Erzeugung zukünftigen Wissens bezieht. Dieses Wissen können sich viele nur als individuelles Wissen vorstellen, und eine bestimmte Intelligenz, die in die Prozesse und Strukturen sozialer Systeme eingebaut ist und damit unbestimmte Wirkungen haben kann, scheint vielen nicht geheuer zu sein.

Wenig überraschend ist, dass die möglichen Kollektivgüter einer Wissensgesellschaft heftig umstritten sind. Es ist keineswegs mehr klar, warum die Politik in Form des staatlichen Schulsystems, des Wissenschaftssystems und der dualen Berufsausbildung als Träger, Veranstalter, Regulator und Kontrolleur geeigneter sein sollte als private Akteure. Wenn es private Schulen, private Hochschulen und Berufsausbildungen gibt, welchen besonderen Sinn haben dann noch hoheitlich organisierte und bürokratisch schwerfällige Paralleleinrichtungen? Es ist heftig umstritten, ob eine staatliche Technologie- und Wissenschaftspolitik Sinn ergeben und ihre Ziele überhaupt erreichen können oder ob nicht private Akteure, Organisationen und Korporationen viel kompetenter darin sind, entsprechende Steuerungsleistungen zu erbringen. Wenn ziemlich klar ist, dass in den zukunfts- und wachstumsträchtigsten Technologiebereichen wie Software, Computer, Virtualisierung, Digitalisierung, Vernetzung oder Telekommunikationssysteme nicht staatliche Programme, sondern private Unternehmer und Unternehmen die erfolgreichen und treiben-

3 Gegenwärtige Herausforderungen des Regierens

den Kräfte sind, dann sind die Milliarden-Ausgaben für staatlichen Programme schwer zu begründen. Wenn sich nach dem Anschub durch das amerikanische Verteidigungsministerium das ARPA-Netz als Internet als geradezu chaotisches, verteiltes, primär durch private Initiativen getragenes großtechnisches Infrastruktursystem von globaler Bedeutung entwickelt, welchen Sinn machen dann noch nationalstaatlich beschränkte Infrastrukturprogramme?

Bemerkenswert ist aber auch, dass gerade mit Blick auf Wissensökonomie und Wissensgesellschaft gleichzeitig der Ruf nach einer öffentlich verantwortlichen, politisch legitimierten Steuerung der Grundlinien der Wissensgesellschaft und der Schaffung bestimmter Bedingungen der Möglichkeit einer Wissensökonomie laut werden und entsprechende politische Aktivitäten geradezu Hochkonjunktur haben. Während sich die USA trotz eines Rekorddefizits und missglückter Kriege im Glanz ihrer gegenwärtigen historisch singulären Vormachtstellung sonnen, und Japan auf der anderen Seite die bittere Niederlage des finanziellen und finanzpolitischen ‚melt down' der 1990er Jahre bis heute aufarbeitet, maßte sich die EU in ihrer ‚Lissabonner Erklärung' im Jahre 2000 an, innerhalb eines Jahrzehnts in den I&K-Technologien weltweit führend zu werden. Gleichzeitig verfolgt etwa Singapur ein ehrgeiziges politisches Programm der Herstellung der Wissensgesellschaft und einer KBE (knowledge-based economy) (Hein 2000). Deutschland will in Solar- und Biotechnologie aufholen, Großbritannien seine Universitäten für den tertiären Bildungsmarkt global wettbewerbsfähig machen und Frankreich seine wissensbasierte Infrastruktur generalüberholen. Allenthalben wimmelt es von Manifestationen aktionistischen Regierens, von politischen Programmen, Projekten und Strategien, welche die Wissensökonomie fördern und am besten die Wissensgesellschaft erzwingen sollen. Welche Lehren zieht eine Theorie des Regierens daraus, dass nahezu alle diese Vorhaben gescheitert sind?

Die durchwegs noch nationalstaatlich organisierten Schulsysteme der modernen Gesellschaften bieten ein überschaubares und plausibles Beispiel für die hier gemeinten unterschiedlichen Ebenen von Intelligenz und Expertise von Personen einerseits, von sozialen Systemen andererseits. Auf der Ebene von Personen geht es um die Intelligenz, das Wissen und die Expertise von Schüler, Lehrern, Schulverwaltern und vielleicht noch Eltern. Sicher ist, dass sich auf dieser Ebene die Schulsysteme der OECD-Länder *nicht* unterscheiden, denn die bestehenden Unterschiede nivellieren sich auf eine Normalverteilung. Auf einer zweiten Ebene der Aggregateigenschaften greifen dagegen bereits deutliche Unterschiede. Aggregateigenschaften bezeichnen vor allem Durchschnittswerte der Schulbildung, wie Anzahl der Schuljahre, Anzahl der Schulstunden, durchschnittliche Größe der Klassen, Ausbildungsstand der Lehrer, Bezahlung der Lehrer, Verteilung der Fächer, Anspruchsniveau in den einzelnen Fächer, etc. Einige dieser Gesichtspunkte leiten schon über auf die dritte Ebene der Systemeigenschaften oder der kollektiven Intelligenz des Schulsystems. Ansehen, Status, Bezahlung und Arbeitsbedingungen von Lehrern erweisen sich als wichtige Indikatoren der Qualität eines Schulsystems, denn sie entscheiden in hohem Maße mit darüber, was ein Schulsystem aus dem statistisch normal verteilten Ausmaß an personaler Intelligenz macht. Ähnliches gilt für das Kriterium des Anspruchsniveaus unterschiedlicher Fächer oder für das Kriterium der curricularen Schwerpunkte. Ein Schulsystem, das Schwerpunkte auf klassische Texte, tote Sprachen und auf das Kopieren von Vorbildern legt, setzt andere Schwerpunkte von vermitteltem Wissen und erreichbarer Erfahrung als ein System, das lebende Sprachen, Naturwissenschaften, neue Technologien und Experimentieren bevorzugt. Auf dieser dritten Ebene der systemischen Intelligenz kommen einige zusätzliche Faktoren ins Spiel, die gewöhnlich übersehen oder in ihrer Bedeutung verkannt werden: vor allem Infrastrukturen für Vernetzung, Support und Produktivität des Systems, und Suprastrukturen der Systemsteuerung.

Es bedarf nun keiner langwierigen Begründungen, dass eine Steigerung der Intelligenz des Schulsystems (in entwickelten Gesellschaften) vor allem durch Interventionen auf der Ebene der Aggregateigenschaften und der Ebene systemischer Qualitäten Erfolg verspricht. Oder doch? Ganze Bataillone von Sozialwissenschaftlern der Denkrichtung Rational Choice und methodologischer Individualismus haben auch nach Jahrzehnten eines elaborierten Systemdenkens und einer ausgearbeiteten Systemtheorie diese Unterschiede zwischen den Ebenen genau so wenig wahrgenommen (Boudon 1998) wie Generationen von Bildungsbeamten und Bildungspolitikern. Dorothea Frede spricht ein klares Wort gelassen aus: „Die Einsicht jedes mittelmäßigen Managers, dass Funktionsmängel ihre Ursachen nicht in Personen und deren Motivation, sondern in Struktur und Organisation haben, scheint deutschen Bildungspolitikern fremd zu sein" (Frede 2000). Um die Ursachen suboptimaler kollektiver Intelligenz in den Strukturen und Prozessen von Organisationen geht es hier, nicht um eine mangelnde Intelligenz von Personen. Dies bedeutet auch, dass für die Anprangerung von Missständen die Auswege eines populistischen Geschreis (über Faulheit, Dummheit, Desinteresse etc.) gegen Personen wie Lehrer, Professoren, Schüler oder Studenten ebenso irrelevant und irreführend sind wie eine symbolische Politik der Einwirkung auf Personen – Arbeitspflichten für Lehrer in den Ferien, Anwesenheitspflichten für Professoren, Anwesenheitslisten für Studenten etc.

Relevante Prüffragen zur Evaluierung der kollektiven Intelligenz eines Systems sind stattdessen Fragen nach der Substanz und Qualität der Leistungsprozesse, der Infrastrukturen und der Suprastrukturen (Regierungs- und Steuerungsformen) des Systems. Welche Leistungen kann das System erbringen und wie trägt es zur Wertschöpfung seiner Adressaten bei? Wie geht es mit seinen Ressourcen um und welche negativen Externalitäten erzeugt es? Wie sichert es die beiden grundlegenden allgemeinen Kernkompetenzen der Wissensgesellschaft – Lernfähigkeit und

Innovationskompetenz? Wie sorgt es dafür, dass seine Governanzregime (Suprastrukturen) diesen Aufgaben und Leistungen gerecht werden?

Die vorrangige Aufgabe politischer Steuerung der Wissensgesellschaft ist es demnach, die Bedingungen der Möglichkeit kollektiver Intelligenz der Gesellschaft zu schaffen. Wenn es die Basiskompetenz des frühen Nationalstaates war, den Bürgerkrieg zu unterbinden und Leib und Leben seiner Bürger vor illegitimer Gewalt zu schützen, und wenn es die entsprechende Fähigkeit des Sozialstaates ist, existenzbedrohende Armut zu unterbinden und armutsbedingte Beeinträchtigungen von Leib und Leben seiner Bürger zu verhindern, dann ist es die kennzeichnende Kompetenz der Politik der Wissensgesellschaft, optimale Bedingungen für die Nutzung der Ressource Wissen zu schaffen. Auf der Seite der Gefahrenabwehr und der Risikovorsorge bezeichnet dies die öffentliche Aufgabe, Modelle und Mechanismen der Bewältigung von Ignoranz dort zu fördern, wo Systemrisiken drohen. Auf der Seite der produktiven Nutzung von Wissen meint dies die Aufgabe, für die Gesellschaft die prozessualen und strukturellen Bedingungen zu schaffen, die kollektive Lernfähigkeit und systemische Innovativität als Kernkompetenzen der Gesellschaft sichern.

Das sind weder utopische noch symbolische Forderungen. Wenn es Organisationen schaffen, für ihren Fall und für ihre Ebene diese Forderungen durch strategische Positionierung und Wissensmanagement beispielhaft zu erfüllen und sich so den Herausforderungen der Wissensökonomie erfolgreich zu stellen, dann gibt es keinen Grund, der Politik der Wissensgesellschaft die vergleichbare Aufgabe nicht zuzutrauen und zuzumuten. Allerdings sind dann auch entsprechende Anstrengungen notwendig, und nach den Erfahrungen mit Organisationen sind diese nur zu erwarten, wenn für die entscheidenden Akteure ein entsprechender systemischer Leidensdruck spürbar ist.

3 Gegenwärtige Herausforderungen des Regierens 105

Für die Politik der Wissensgesellschaft kommt dieser Leidensdruck nur indirekt und zeitverzögert von der klassischen Quelle, den Wählern, denn diese durchschauen die komplizierten und komplexen Dynamiken globaler Wettbewerbsfähigkeit und regulatorischer Konkurrenz nur an manifesten Krisensymptomen, also wenn es bei weitem zu spät für brauchbare Maßnahmen ist. Die Systemkrise der amerikanischen Savings- and Loan Banken, welche die amerikanischen Steuerzahler über fünfhundert Milliarden Dollar kostet (Thurow 1999, S. 243), ist für die Wähler nicht zu durchschauen und sie ist nie wahlwirksam geworden. Die Krise des japanischen Banken- und Finanzsystems ist für die japanischen Wähler nicht zu durchschauen, und sie wird bis heute nicht wahlwirksam. Die globale Finanzkrise ist nicht einmal mehr für spezialisierte Professionelle zu durchschauen – wie soll sie für den durchschnittlichen Wähler wirksam werden?

Vordringlich erscheint in dieser Perspektive nicht nur eine Entrümpelung der Politik und eine Revision der Staatsaufgaben (Grimm 1996), sondern eine viel grundlegendere Entzauberung des Staates (Willke 1983) und eine grundlegende Revision der Funktion von Politik. Um überhaupt eine Art von Regierungsfähigkeit wieder erlangen zu können, muss die Politik von der Überlastung mit ebenso planlosen wie notwendig erfolglosen Interventionen in alle nur denkbaren gesellschaftlichen Problemfelder befreit werden. Statt dessen sollte sie sich darauf beschränken, den gesellschaftlichen Funktionssystemen eine supervisorische Unterstützung in den Fähigkeiten der Selbststeuerung und des Managements ihrer Eigenkomplexität zu geben, um so die dezentrale Problemlösungskompetenz und die verteilte Intelligenz der gesellschaftlichen Subsysteme zur Wirkung zu bringen (Willke 1997). Diese neue geforderte Kompetenz der Politik lässt sich bruchlos in ihre supervisorische Rolle für die Wissensgesellschaft verlängern. Zusätzlich zur Aktivierung der Selbststeuerung der Funktionssysteme geht es nun vor allem darum, die sozietalen Infrastrukturen und Suprastrukturen zu schaffen, die den Funktionssystemen über Komplexitätsmanagement hinaus erlauben, mit der für die Gesellschaft insgesamt kritischen Ressource Wissen produktiv umzugehen.

Die Kompetenz, welche die Politik hierzu aufbieten muss, ist *Strategiefähigkeit*. Alle seriösen Urteile laufen aber seit langer Zeit darauf hinaus, dass die modernen Demokratien massive Defizite in dieser Kompetenz aufweisen. Sie sind einigermaßen brauchbare Verwalter, wursteln sich durch eine Vielzahl von Problemen, mit einem sehr beschränkten Zeithorizont und permanent in der Versuchung, Schwierigkeiten auf die Zukunft und Kosten auf die nächste Generation abzuwälzen. Wenn es als Erfolg gefeiert wird, wenn in Deutschland (und anderen europäischen Ländern) die Neuverschuldung auf drei Prozent jährlich gedrückt wird, dann ist dies ein Indikator für eine hartnäckige Unfähigkeit, strategisch fokussiert, verantwortlich und produktiv mit den vorhandenen Ressourcen umzugehen. Tatsächliche Strategiefähigkeit, wie sie etwa in der von Egon Bahr konzipierten Politik von Willy Brandt zum Ausdruck kam (Baring 1984/1982), ist die Ausnahme und weicht in aller Regel kurzfristigen, punktuellen Aufwallungen.

Wenn die Politik die Gestaltung der Wissensgesellschaft und die Steuerung der Transformation von der Industriegesellschaft zur Wissensgesellschaft als genuine politische Aufgaben begreift, dann muss sie sich in diesem weiten Feld strategisch positionieren, Schwerpunkte festlegen, strategische Projekte in Gang bringen und Grundentscheidungen über Ressourcen und Zeithorizonte treffen. Genau dies hat Japan sehr erfolgreich seit den 1950er Jahren beim Aufbau der Informationsgesellschaft getan. Und ähnlich strategisch zielt zum Beispiel Singapur seit Premier Goh auf eine fokussierte Förderung der Wissensgesellschaft. Wenn solche Anforderungen der Strategiefähigkeit für westliche Demokratien, etwa für Deutschland gefordert oder auch nur formuliert werden, warum beschleicht einen dann unweigerlich ein Gefühl der Irrealität? Warum glaubt niemand ernsthaft daran, dass entwickelte Demokratien etwas Derartiges leisten könnten und ihre eingefahrenen Routinen des Fokussierens auf das Tagesgeschäft und des kurzfristigen Durchwurstelns überwinden könnten?

Das Problem ist nicht, dass die Politik zu wenig macht, sie macht zu häufig das Falsche. Weniger die Machtversessenheit als die Detailversessenheit und Regulierungswut der Politik, die sich auf europäischer Ebene fortpflanzt, markieren eine Selbstbehinderung und Selbstüberlastung der Politik, über die sie sich selbst der Chance beraubt, den Kopf über das Tagesgeschäft hinaus zu heben. Die Regulierungswut ist verständlich, weil sie vorzeigbare Ergebnisse produziert, die als Ergebnisse zählen, weil sie handwerklich richtig gemacht sind. Aber nur Wenige fragen, ob *das Richtige* gemacht wird. Erst in dieser Frage käme eine strategische Orientierung zum Ausdruck: nicht, ob wir etwas richtig machen, ist die Frage, sondern ob wir das Richtige machen.

Was mit dem Projekt der Wissensgesellschaft stärker zum Vorschein kommt, ist ein Bedarf an brauchbaren Steuerungsformen, die auf der Ebene von Gesellschaft auf Prämissen des Umgangs mit Wissen zielen. Sicherlich wissen die Akteure und Systeme etwa des Gesundheitssystems selbst am besten, wie sie für ihren Fall effektiv mit der Ressource Wissen umzugehen haben. Sie brauchen dazu keine Hilfestellung der Politik. Ebenso wissen die Unternehmen der Wissensökonomie besser als die Akteure der Politik, wie sie für ihre Problemstellungen eine optimale Nutzung der Ressource Wissen zu gestalten haben. Eine Anleitung durch die Politik wäre widersinnig. Daraus folgen allerdings kein platter Marktfundamentalismus und schon gar kein Ende der Politik und des Regierens.

Die Fragen, die sich für die Politik stellen, liegen auf einer anderen Ebene, eben auf der Ebene der Steuerung der Prämissen, die das Zusammenspiel dezentraler operativ geschlossener Systeme in strategischer Hinsicht regeln. Welche externen Abhängigkeiten oder Interdependenzmuster halten die Funktionssysteme davon ab, je für sich verbessertes Wissen zu generieren und davon einen produktiveren Gebrauch zu machen? Welche Traditionen, Praktiken, Prärogative und Steuerungsregime in den Interaktionsbeziehungen zwischen den Teilsystemen stehen einem intelligenten Austausch von Wissen entgegen? Welche Wege müssen gebahnt, welche Strukturen geschaffen, welche Vernetzungen vorbereitet sein, damit Wissensmanagement und ein strategischer Umgang mit Wissen zum Bestandteil der selbstverständlichen Operationsweise von Organisationen und Einrichtungen jeder Art werden können? Welche Koppelungen zwischen den Funktionssystemen sind zu eng und einschnürend und welche strukturellen und prozessualen Koppelungen wären angemessen, um Komplementaritäten der Leistungen zu fördern und negative Externalitäten zu minimieren? Wo und wodurch entstehen jene „ruinösen Kopplungen" (Bette 2000) zwischen Funktionssystemen, die – wie im Fall des für den Sport ruinösen Zusammenspiels mit ökonomischen Sponsoren und den Medien – systemisches Doping als strukturelles Problem erzeugen? Welche Kontextparameter müssen in welchen Dimensionen gestaltet werden, um die Bildung dezentraler wissensbasierte Infrastrukturen anzuregen und Regime der Systemsteuerung ins Spiel zu bringen, die darauf eingestellt sind, dass die Modelle der Industriegesellschaft nicht mehr ausreichen? Insgesamt also: Mit welchen Steuerungsleistungen kann und soll sich das politische System in die Genese der Wissensgesellschaft einschalten?

Wenn die Dramaturgie der Wissensgesellschaft sich primär in den differenzierten Funktionssystemen und ihren Organisationen entfaltet, braucht diese Dramaturgie dann eine Regie – und welche Art von Regie könnte die Politik leisten? An dieser Stelle erweist sich, dass die eigentliche Beschränkung der Politik als Hebamme der Wissensgesellschaft in ihrer nach wie vor kennzeichnenden territorialen Bindung an nationalstaatlich definierte Kollektive liegt. Alle anderen Funktionssysteme der Gesellschaft können (und wollen) sich dem Sog der Globalisierung nicht verschließen. Die Politik dagegen tut sich außerordentlich schwer

3 Gegenwärtige Herausforderungen des Regierens 109

damit, Formen der globalen Governanz (*global governance*) aufzubauen und so gestaltend in die Prozesse der Globalisierung einzugreifen. Diese Schwäche hat nicht nur Bedeutung für die Globalität von Politik und kollektiver Selbststeuerung, sondern sie schlägt auch auf die Ebene der Nationalstaaten und herkömmlicher territorialer Politik zurück, weil die sich global orientierenden Funktionssysteme diese Politik geradezu zwingend als zunehmend provinziell und irrelevant ansehen müssen.

Im Lichte dieser Argumentation hat der Aufbau kollektiver Intelligenz für den Bereich von Politik zwei Stoßrichtungen. Im Innenverhältnis geht es für die Politik vorrangig darum, sich selbst für eine wissensbasierte Politik kompetent zu machen, also, wie ausgeführt, strategiefähig zu werden und in ihre eigenen Prozesse und Strukturen Intelligenz einzubauen. Das ist anspruchsvoll genug, aber einige erste Schritte dahin sind immerhin zu erkennen. Eine Entzauberung des Staates, eine radikale Entrümpelung der Politik durch eine Distanzierung von der ihr zugewachsenen Rolle als gesellschaftlicher Übervater und ein Rückzug auf politische Kontextsteuerung sind Etappen auf diesem Weg. Im Gefolge globaler Dynamiken werden diese Schritte für die entwickelten Demokratien ohnehin unumgänglich sein. Die Frage bleibt hier, ob die politischen Systeme weiterhin hauptsächlich reagieren und Krisenmanagement betreiben oder ob sie sich zu einer aktiven Politik aufraffen können.

Im Außenverhältnis kommt mit der Aufgabe des Aufbaus von globalen Governanzregimen eine historisch neue Aufgabe auf die politischen Systeme der Nationalstaaten zu. Die Politikwissenschaft behilft sich seit einiger Zeit mit Oxymoronen wie „Regieren ohne Regierung", „Regieren jenseits des Nationalstaates", „Neue Staatsräson" oder „Regieren bei veränderter Staatlichkeit"; und die Jurisprudenz hilft aus mit Formen wie „Global law without a State (Teubner 1997) oder „globale Zivilverfassungen" (Teubner 2003). Aber nichts hilft darüber hinweg, dass Regieren nach den alten Kriterien der Volkssouveränität, des Gewaltmonopols des Staates, der Repräsentativität und der demokratischen Legitimität in globalen Kontexten *nicht* machbar ist. „Democratic governments are increasingly involved with nondemocratic international systems" (Dahl 1999, S. 915). Jede Forderung danach versperrt sich nur der Einsicht, dass diese nationalstaatlich geprägten Gütekriterien auf globaler Ebene nicht greifen können, *weil es sich nicht mehr um eine politische Gesellschaft handelt.* Die neuen Steuerungsformen müssen deshalb als funktionale Äquivalente des Regierens konstruiert werden, die zumindest die Grundidee verantworteter Legitimität und einer „rule of rules" bewahren können.

In dieser Umstellung ändert sich die Qualität der Begründung von Regeln. So fordert beispielsweise Habermas als allgemeines Qualitätskriterium kommunikativen Handelns eine zwangsfreie Verständigung, die strategisches, interessegeleitetes Handeln ausschließt. Andererseits verlangt das klassische Qualitätskriterium politischer Normbildung eine strategische Auseinandersetzung widerstreitender Interessen, in der als demokratisch legitim gilt, dass die Mehrheit der Minderheit ihren Willen aufzwingt. Aus den Schwächen des Modells des kommunikativen Handelns hat Habermas die eher rückwärtsgewandte Konsequenz gezogen, die Legitimität der Regelbildung stärker an normative Kriterien des legitimen Rechts anzunähern (Habermas 1992), während Politikwissenschaftler und Juristen im Gegenteil die Schwächen des formalen normativen Modells durch Annäherungen an die Idee deliberativer Konsensbildung aufgelockert haben. So verbinden sich am Ende die komplementären Schwächen beider Modelle in einer gemeinsamen Unbrauchbarkeit (Luhmann 1987, S. 138).

Wenn der Aufbau globaler Steuerungsregime nicht einfach dem Modell einer Expansion des Nationalstaates folgen soll (mit dem Ergebnis einer Weltregierung, eines Weltparlaments etc.), sondern berücksichtigt, dass bereits für den Fall entwickelter Nationalstaaten mit einer bescheideneren Rolle der Politik und einer durchdringenderen Bedeutung von Wissen eine historisch neue

Konstellation entstanden ist, dann kann nicht überraschen, dass schon die jetzt erkennbaren Formen globaler Steuerungsregime nach anderen Regeln komponiert sind als die Regierung von Nationalstaaten. Damit ist keineswegs gesagt, dass diese Regeln gezielten Strategien oder Programmen bestimmter Akteure folgen. Selbst die EU als das vielleicht intentionalste Projekt eines supranationalen Steuerungsregimes erweist sich bei genauerem Hinsehen als ein Konglomerat aus gezielten Strategien, historischen Zufällen, nicht kalkulierbaren globalen Dynamiken und den emergenten Effekten des Zusammenspiels vielschichtig vernetzter Akteure (Héritier et al. 1994). Noch deutlicher ist dies bei globalen Institutionen wie IMF („The IMF is semi-sovereign, extremely influential, and wholly nondemocratic" (Dahl 1999, S. 925)), Weltbank oder WTO, die hin- und hergerissen sind zwischen einer immer wieder aufkeimenden und allmählich sich verfestigenden Eigenlogik der Einrichtung selbst und den starken widerstreitenden Einflüssen dominanter nationaler Akteure.

Jedes Steuerungsregime, ob lokal, regional oder global, wird unter den Bedingungen von Wissensökonomie und Wissensgesellschaft nur dann brauchbar sein und tatsächlich Steuerungseffekte erzielen können, wenn es sich von den Illusionen einer machtgestützten, normativen Erzwingung bestimmter Zukünfte löst und statt dessen auf das Management kognitiver Erwartungen und die Generierung wissensbasierter Regelsysteme umstellt. „Processes long considered largely the domain of economic and coercive factors are increasingly influenced by the allocation, withholding, and management of knowledge" (Etzioni 1971, S. 134). Nur diese Art von Regeln sind flexibel, responsiv, diskursiv und prospektiv genug, um einer Systemdynamik gerecht werden zu können, die schon auf der Ebene von Organisationen oder Kommunen, definitiv aber auf globaler Ebene jede normative Steuerung überfordert und im Kern die Alternative stellt, entweder die Welt einem evolutionären Schicksal zu überlassen oder aber über adäquate, kognitiv ausgerichtete und wissensbasierte Steuerungsmodelle ein Minimum an strategischer Positionierung, Nachhaltigkeit und Zukunftsfähigkeit zu erreichen.

Dies sollte deutlich machen, dass für die politischen Systeme der Nationalstaaten und für die Bedingungen der Möglichkeit des Regierens tatsächlich etwas auf dem Spiel steht. Ein paar Reformen hier und da versprechen wenig Erfolg darin, die nach der bisherigen Argumentation erforderlich erscheinenden grundlegenden Umstellungen von einem normativen Politikstil der Allzuständigkeit zu einem Stil zu bewirken, der eine klare strategische Fokussierung auf die Förderung und Sicherung kollektiver Intelligenz beinhaltet. In diesem Sinne treiben Globalisierung und Wissensgesellschaft einen Prozess der Revision nationaler Politiken voran, der überfällig ist und der ohne diesen äußeren Druck schwerlich vorankommen würde. Insofern bietet die doppelte Herausforderung durch Weltgesellschaft und Wissensgesellschaft die Chance, über erzwungene Anpassung hinaus die Rolle der Politik und politischer Steuerung in der Wissensgesellschaft neu zu bestimmen. Eine supervisorische Rolle des Staates, die vertikale wie auch horizontale Subsidiarität ernst nimmt, welche die Fähigkeiten der Funktionssysteme zur Selbststeuerung nicht beeinträchtigt sondern fördert, welche eine adäquat komplexe Systemsteuerung an die Stelle der üblichen Trivialisierungen setzt, welche die neuen gesellschaftlichen Kernkompetenzen der kollektiven Lernfähigkeit und Innovationsfähigkeit auf ihre Fahnen schreibt und damit erst auf Augenhöhe mit einer rasant sich entwickelnden Wissensgesellschaft kommt, setzt allerdings ein Krisenbewusstsein voraus, von dem die Politik und ihre Akteure noch weit entfernt sind.

Die Krisis des Regierens ist bei den Regierenden noch nicht angekommen. Sie zieht, wie die Krisis des Wissens und die Krisis des Wirtschaftens als dystopischer Schatten zwar sichtbar am Horizont auf, aber die auf die Tagesgeschäfte fixierte Politik hat den Horizont nicht im Blick. Und so muss die Reflexion weiter auf den Verbündeten warten, den sie selbst am meisten fürchtet:

3 Gegenwärtige Herausforderungen des Regierens **113**

die Krise, die sich nicht mehr verleugnen lässt. Nach dem Ende der fundamentalen Kritik etwa durch eine marxistische oder neomarxistische Position ist dies, wie man in Anlehnung an Amitai Etzioni formulieren könnte, „the societal need for a fundamental crisis" (Etzioni 1971, S. 181). Umso erschreckender ist dann allerdings, dass selbst die globale Finanzkrise diesen notwendigen Schock nicht bewirkt hat. Sobald die akute Gefahr einer Systemkrise zumindest oberflächlich gebannt schien, kehrten sowohl das Finanzsystem wie die betroffenen politischen Systeme nahezu unbeeindruckt zum Modus des *business as usual* zurück. „This is the challenge that faces the Obama administration today. It is not a question of finance or economics. It is ultimately a question of politics – whether the long march of Wall Street on Washington can be halted and reversed. … Wall Street only became stronger as a result of the financial crisis." (Johnson und Kwak 2011, S. 13 und 156). Bereits im Jahr 2011, nur drei Jahre nach Ausbruch der Finanzkrise, hatte das Ausmaß weltweiter Spekulationen mit Optionen und Derivaten wieder unvorstellbare Größenordnungen angenommen. Das Volumen gehandelter Derivate war mit über einer Quadrillion etwa dreizehnmal so groß wie das gesamte Welt-BSP von geschätzten $79 Trillionen. Im nach wie vor weitgehend unregulierten Schattenbanksystem wurden $645 Trillionen gehandelt, deutlich mehr als vor der Krise (Taylor 2013, S. 87). Dies belegt, dass die Krise von der Politik und den betroffenen politischen Systemen nicht genutzt wurde, um das Kollektivgut eines stabilen globalen Finanzsystems abzusichern und adäquate Institutionen und Formen der Regulierung zu organisieren.

Ein in der Systemlogik der Politik liegender Grund dafür ist leicht erkennbar: Der von der Wahlbevölkerung ausgeübte politische Druck zugunsten grundlegender Reformen ging nicht über das Strohfeuer von *„occupy Wall-Street"* hinaus. Obwohl gerade ‚normale' Hauseigentümer, Rentner und Steuerzahler am stärksten negativ von den Folgen der Krise betroffen waren und auf lange Sicht betroffen sein werden, kam der Schmerz bei ihnen nicht an, weil sie die undurchdringliche Komplexität und Intransparenz des Finanzsystems auch nicht annähernd zu durchschauen in der Lage sind. Laien sind schlicht überfordert, die relevanten Zusammenhänge zu erkennen, weil sie nicht über die erforderliche Expertise verfügen. Diese Problematik ist allerdings nicht auf das (globale) Finanzsystem beschränkt, sondern betrifft im Kern alle hochentwickelten und spezialisierten Problemfelder. Für das Management und die Kunsts des Regierens verbirgt sich dahinter die wohl schwierigste Herausforderung der kommenden Jahrzehnte.

3.2.1 Fallstudie: Expertise im Prozess des Regierens

Die formale Demokratie – eine Person eine Stimme – ist ein erstaunliches Konstrukt. Sie traut jeder Person die gleiche Fähigkeit zu, zu politischen Fragen Stellung zu nehmen und Wahlentscheidungen zu treffen. Es kommt also nicht auf Bildungsgrad, Ausbildung, Erfahrung, Intelligenz oder Expertise der Person an, die zur Wahl geht oder sich zur Wahl stellt, vielmehr zählt jede Person gleichviel bei der Entscheidung einer demokratischen Wahl über Mehrheit oder Minderheit und damit bei der Entscheidung über Regierung oder Opposition für die konkurrierenden Parteien.

Die im Wortsinne weltbewegende Überzeugungskraft dieser Konstruktion resultiert primär aus dem radikalen Bruch mit den Modellen der Vergangenheit – Entscheidungen durch eine Person (Diktatur, Monarchie) oder eine kleine Gruppe (Aristokratie, Oligarchie) oder gewichtet nach Besitzverhältnissen (Drei-Klassen-Wahlrecht). Gegenüber diesen aus heutiger Sicht offensichtlich ungerechten, weil ungleichen Regierungsformen etabliert formale Demokratie Gleichheit als zentralen Grundwert politischer Partizipation. Diese Errungenschaft darf zurecht als Kernstück der demokratischen Revolutionen und als Eckpfeiler des Prozesses der Zivilisation (Elias 1977), der Erfindung des Individuums und der Absicherung fundamentaler Gerechtigkeit (Rawls 1981) angesehen werden.

Dennoch bleiben Probleme. Zum einen ist von vornherein seit der Französischen Revolution mit der Apotheose der Gleichzeit die Spannung zu den komplementären Werten der Freiheit und der Brüderlichkeit eingebaut (Willke 1975); zum anderen wird Gleichheit in der Gegenwart einer beginnenden Wissensgesellschaft dann zum Problem, wenn sie primär eine Gleichheit im Nichtwissen ist. Wenn die meisten Wähler von den meisten politisch zu entscheidenden Problemen nichts mehr verstehen, dann ist die Frage, worüber und auf welcher Basis sie eigentlich entscheiden. Probleme wie Finanzpolitik, Schulreform, Klimawandel, Energiewende, Bundeswehrreform, Wirtschafts- und Technologiepolitik, Arbeitsmarktpolitik, Gesundheitspolitik, Sicherheitspolitik, Verwaltungsreform und jede Menge anderer Politikfelder sind für den durchschnittlichen Wahlbürger schwarze Löcher des Nichtwissens. Damit ist kein Vorwurf impliziert, sondern die Feststellung einer in modernen Gesellschaften nicht vermeidbaren Spezialisierung und Professionalisierung. Sie führt dazu, dass die meisten Menschen in den meisten Themen Laien sind, und sich nur in ihren jeweils eigenen Themen auskennen.

In der Demokratietheorie gibt es im Wesentlichen zwei konträre Antworten auf die so beschriebene – und im Grundsatz von allen geteilten – Lage einer Dominanz des Nichtwissens. Das Lager der Pessimisten hält die aus Nichtwissen resultierende Irrationalität für normal und letztlich für unschädlich, weil sich alle Beteiligen auf diese Irrationalität einstellen (Brunsson 1982; Brunsson 1985). Russell Hardin hat diese Position auf die Spitze getrieben und Ignoranz auf beiden Seiten, auf Seiten der Wähler und der Repräsentanten, als unvermeidlich beschrieben. Er sieht „both gross ignorance on the part of voters and harsh limits on information for the representative" (Hardin 2004, S. 78). Hinzu kommt, dass eine lange Tradition der ökonomischen Theorie der Demokratie Wählen als irrational darstellt, weil die Kosten der Informationssuche (um sich über politische Themen zu informieren) die Nutzen des Wahlaktes übersteigen, insbesondere dann, wenn unklar ist, welche Wirkung der einzelne Wahlakt haben könnte (Downs 1957). Nähme man dies ernst – und das tun wohl nur *rational-choice*-Ökonomen -, dann würde jeder vernünftige/rationale Mensch nicht im Traum daran denken, zur Wahl zu gehen. Psychologische Forschungen unterstützen die skeptische Position aus einer entscheidungstheoretischen Sicht: Paul Slovic's Arbeit „offers a picture of Mr. and Ms. Citizen that is far from flattering: guided by emotions rather than by reason, easily swayed by trivial details, and inadequately sensitive to differences between low and negligibly low probabilities" (Kahneman 2011, S. 140).

Eine gänzlich gegenteilige Position nehmen Vertreter des Ansatzes der ‚kognitiven Vielfalt' (*cognitive diversity*) ein. Ihr Stichwort ist das ‚Wunder der Aggregation' (*miracle of aggregation*), wonach sich experimentell verlässlich feststellen lässt, dass für einfache Aufgabenstellungen (z. B. „schätze das Gewicht eines Ochsen oder einer Katze") eine größere Gruppe von Leuten einen Durchschnittswert schafft, der dem richtigen Wert erstaunlich nahe kommt (Landemore 2008; Landemore und Elster 2012). Der Grundgedanke dieses Ansatzes entspricht durchaus den Vorstellungen der Systemtheorie und insbesondere der darin eingeschlossenen Komplexitätstheorie, wonach eine Vielfalt der Perspektiven, Positionen und Prioritäten emergente Eigenschaften und Ergebnisse erzeugen kann, welche die Eigenschaften (und Kompetenzen) der isolierten Teile/Komponenten übersteigen. Insofern ist ernst zu nehmen, dass aus dem Zusammenspiel von vielen Personen eine emergente kollektive Intelligenz entstehen kann. Allerdings ist Emergenz höchst anspruchsvoll und setzt ein komplexes Zusammenspiel vieler Komponenten im Rahmen der

3 Gegenwärtige Herausforderungen des Regierens 117

übergreifenden Regeln des Gesamtsystems voraus. Emergenz erschöpft sich gerade nicht in Aggregation, denn Aggregation führt in der Regel nicht zu kollektiver Intelligenz oder Schwarmintelligenz, sondern zu kollektiver Dummheit oder populistischer Vereinfachung.

Landemore stützt sich in ihrer Rekonstruktion von kollektiver Intelligenz in der Politik auf zwei wichtige Ideen: Zum einen auf das Konzept demokratischer Vernunft (*democratic reason*) von Rawls, zum anderen auf die Idee eines herrschaftsfreien Diskurses in der öffentlichen Deliberation von Habermas. Beide Ideen können ihrerseits auf das Grundmodell pluralistischer Demokratie zurückgeführt werden, wonach es gerade die Vielfalt und Unterschiedlichkeit der Positionen, Interessen und Perspektiven, die in einer Gesellschaft versammelt sind, welche Pluralismus zum Fundament der Intelligenz der Demokratie (Lindblom 1965) machen. In einem späteren Werk spricht John Rawls schon vorsichtiger von einem „reasonable pluralism" (Rawls 2001, S. 3), in welchem eine Heterogenität der Interessen, Werte und Überzeugungen zwar eine notwendige, aber nicht mehr eine hinreichende Bedingung für öffentliche Vernunft ist. An diesen Argumentationen ist nichts auszusetzen, solange es um Fragen geht, zu denen jede Bürgerin tatsächlich etwas beitragen kann, in denen also verteilte Intelligenz nur zusammengeführt werden muss, um zu einem intelligenten Gesamtergebnis zu gelangen. Anders ist die Lage, wenn es um politische Probleme und Entscheidungen geht, die durch nahezu flächendeckendes Nichtwissen – und hochspezialisiertes Wissen einiger Experten und Expertinnen – gekennzeichnet sind. Unter solchen Bedingungen, die in den komplexen und intransparenten Problemfeldern einer globalisierten Wissensgesellschaft vorherrschen, sind die Ideen einer demokratischen Vernunft und eines herrschaftsfreien Diskurses nicht nur unbrauchbar, vielmehr sind sie irreführend, indem sie die Möglichkeit einer kollektiven Intelligenz dort vorgaukeln, wo das Feld von kollektiver Ignoranz beherrscht wird.

Eine systematisch und empirisch fundierte Analyse dieses Problems hat Bryan Caplan vorgelegt. Er dekonstruiert den Mythos des rationalen Wählers und belegt für das Feld der Wirtschaftspolitik „why democracies choose bad politics" (Caplan 2007). Wichtig ist, dass Caplan die Schuld für schlechte Politik nicht der Demokratie als Regierungsform gibt, sondern ausdrücklich festhält, dass sie Regime für die Herstellung kollektiv verbindlicher Entscheidungen genau das hervorbringt, was die Wähler wollen: „democracy fails because it does what voters want" (Caplan 2007, S. 3). Das zugrundeliegende Problem liegt darin, dass Wähler schon für moderat schwierige Fragen nicht nach ihrem Wissen/Nichtwissen entscheiden, sondern nach ihren Überzeugungen (*belief systems*). Gemessen an diesen Überzeugungen sind die Wahlentscheidungen durchaus rational. Da nun aber diese Überzeugungen das Resultat nicht von zufälligen Irrtümern sind, sondern von *systematischen* Fehlurteilen und ideologischen Verzerrungen, erzeugen sie kollektiv irrationale Entscheidungen.

Der entscheidende Unterschied, auf den Caplan aufmerksam macht, ist der zwischen *zufällig* in der Wahlbevölkerung verteilten Irrtümern (im Sinne einer Gaußschen Normalverteilung) und *systematisch* vorherrschenden Irrtümern. Normal verteilte Irrtümer gleichen sich in der Tat aus und erzeugen das berühmte Wunder der Aggregation. Systematische Irrtümer dagegen erzeugen schlechte Politik, weil sich die Fehlurteile nicht mehr ausgleichen, sondern im Gegenteil sich zu irrenden Mehrheiten aggregieren. (Siehe als Veranschaulichung die folgende Abb. 3.1, Quelle: Caplan 2007, S. 5).

Caplans Beispiele betreffen vier ziemlich grundlegende wirtschaftspolitische Themen: die Rolle des Marktes (*anti-market bias*), Protektionismus (*anti-foreign bias*), Rationalisierung (*make-work bias*) und eine überwiegend pessimistische Einschätzungen der wirtschaftlichen Entwicklung (*pessimistic bias*). Das Besondere an diese vier Themen ist nun, dass es – anders als bei vielen anderen Themen – in der Fachwelt der Ökonomik eine

3 Gegenwärtige Herausforderungen des Regierens **119**

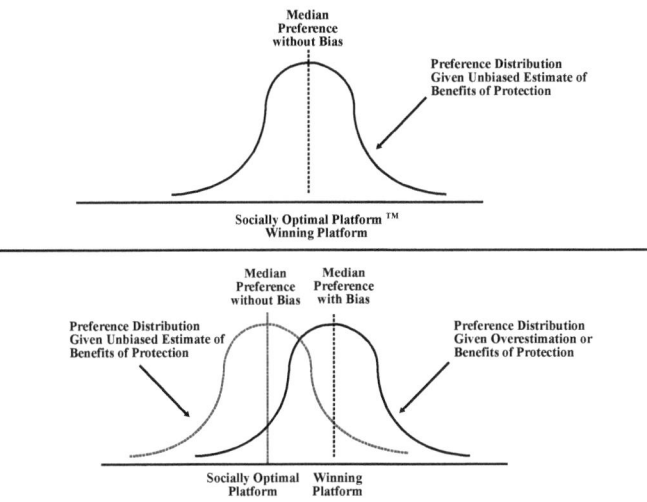

Abb. 3.1 Verschiebung der Wahlergebnisse durch systematischen Irrtum

weitgehende Übereinstimmung darüber gibt, dass die kollektive Vorurteile der (mehrheitlichen) Laien zu diesen Themen fachlich falsch und irreführend sind (Caplan 2008, S. 50 ff.). Der Markt ist, jedenfalls für markförmige Güter, keine Bedrohung, sondern anders als Planwirtschaft eine optimale Form der Selbstorganisation und Selbststeuerung. Protektionismus bietet nicht Schutz, sondern verhindert in entwickelten Ökonomien im Gegenteil notwendige Anpassung, Innovation und Wettbewerbsfähigkeit. Rationalisierung ist Voraussetzung für Innovation und Effizienz und verhindert Heizer auf Elektrolokomotiven und einen jahrzehntelangen unrentablen Abbau von Steinkohle. Und eine grundsätzlich pessimistische Einschätzung der Wirtschafsentwicklung verkennt die langfristige Erfolgsgeschichte eines politisch gezähmten Kapitalismus. Es ist kein Zufall, dass gerade demagogische und populistische Politik und Parteien in

Demokratien auf diesen populären Irrtümern aufbauen und sie verstärken.

Es ist klar, dass man diese Entzauberung des Mythos des rationalen Wählers nicht verallgemeinern kann. Nach wie vor gibt es genügend Themen, vor allem allgemeiner Wertentscheidungen, in denen Mehrheiten vernünftig entscheiden können. Gleichzeitig gibt es mit wachsender Dringlichkeit Problemfelder, die durch ein so hohes Maß an Wissensintensität, Komplexität und Intransparenz gekennzeichnet sind, dass Laien gar keine Chance haben, sich darin auch nur annähernd auszukennen. Entscheidungen zu diesen Problemfelder demokratischen Mehrheiten zu überlassen, erscheint als riskant und selbstschädigend. Sollte etwa die versammelte Ignoranz und Borniertheit einer Tea-Party-Bewegung mehrheitsfähig werden, dann wäre Demokratie ein Rezept für katastrophale Politik. Allerdings ist es nicht leicht, alternative Entscheidungs- und Steuerungsmodelle zu präsentieren und plausible zu machen. Denn grundsätzlich gilt, dass Demokratie die klar beste und intelligenteste Form politischer Steuerung komplexer Gesellschaften darstellt. Sie ist die beste, aber sie ist nicht gut genug.

Längst schon haben moderne Demokratien auf Schleichwegen Auswege aus dem Dilemma komplexen Entscheidens gesucht. Eine ganze Architektur von Expertenkommissionen, Einrichtungen und Akteuren der Politikberatung, wissenschaftlichen Diensten, politischen Stiftungen und Think Tanks etc. spielen im Hintergrund mit, um politisches Entscheiden in schwierigen, nur von Experten durchschaubaren Problemen zu ermöglichen. Diese versteckte und subkutane Expertokratie steht offensichtlich in einem Spannungsverhältnis zur formalen Demokratie, weil die Entscheidungen der Parlamente in hohem Maße durch die eingeholte und verfügbare Expertise vorentschieden sind. Einige komplizierte Themen wie etwa die Geldpolitik (Zentralbanken), Gesundheitspolitik (Ärztekammern und Krankenkassenvereinigungen), Finanzregulierung (*regulatory agencies*) oder technische Überwachung (TÜVs) sind ganz oder teilweise in relativ autonome Institutionen ausgelagert und so der direkten Entscheidungskompetenz der Parlamente entzogen.

Wenn in diesen und einigen weiteren Bereichen weder das Wunder der Aggregation wirkt noch ein herrschaftsfreier Diskurs stattfindet, und kollektive Intelligenz auch nicht ansatzweise etwas mit demokratischen Mehrheiten zu tun hat, dann steht es um den Allgemeinheitsgrad und die Verallgemeinerungsfähigkeit der Ideen von Rawls und Habermas schlecht. Tatsächlich sind diese Ideen Nachfahren einer Vorstellungswelt bürgerlicher Öffentlichkeit des 19. Jahrhunderts, die wenig mit den harschen Realitäten Ende des 20. und Anfang des 21. Jahrhunderts zu tun haben. Dennoch sind diese Ideen wichtig, weil sie einen Anspruch definieren, der in Demokratien für das Management hochkomplexer Probleme auch weiterhin gilt, selbst wenn er nur mit innovativen Mechanismen und Institutionen der Erweiterung formaler Demokratie erfüllt werden kann. Im Kern besteht die Herausforderung für demokratisches Regieren darin, mit unvermeidlicher Ignoranz der Mehrheit der Wählbürger in allen spezialisierten, wissensintensiven Problemlagen umzugehen, ohne Demokratie als Leitprinzip aufzugeben.

Ein erster Schritt ist die von Fritz Scharpf betonte Unterscheidung von Input- und Output-Legitimität (Scharpf 1970; Scharpf 2004). Die klassische formale Demokratie ist mit Parteienkonkurrenz und dem Prinzip ‚Eine Person eine Stimme' ausschließlich durch Input-Legitimität definiert. Legitim ist eine Regierung, welche mit der Mehrheit der Stimmen gewählt ist. Was die Regierung vollbringt, wenn sie einmal gewählt worden ist, spielt nur indirekt für die nächste Wahl eine Rolle, nicht aber für die geltende Legislaturperiode selbst. Die Regierung ist an die geltenden Gesetze und insbesondere an die Verfassung gebunden, aber die formale Demokratie sagt nichts über die inhaltliche Qualität des Regierens aus. Solange sie sich an die Gesetze hält, bleibt eine Regierung demokratisch legitimiert, selbst wenn sie miserabel regiert, ihre Projekte scheitern, die öffentlichen Schulden zunehmen und sie sachlich/fachlich falsche und für die Bürger schädliche Entscheidungen trifft. Die formale Demokratie schützt nicht einmal davor, dass die Mehrheit die Minderheit unterdrückt oder dass sie sich mit den entsprechenden Mehrheiten sogar selbst abschafft.

> Die Mehrheitsregel erlaubt die Unterdrückung der Minderheit; werden aber qualifizierte Mehrheiten oder gar Einstimmigkeit gefordert, so ermöglicht man die Diktatur von status-quo-orientierten Minderheiten. Kurz: Aus der Aggregation individualistischer Präferenzen (Rousseaus *„volonté de tous"*) lassen sich normativ plausible Legitimationsargumente nicht herleiten. (Scharpf 2004, 2.2.1.).

Die Seite der *Ergebnisse des Regierens* wird erst relevant, wenn auch Output-Legitimität in Betracht gezogen wird. Output-Orientierung des Regierens meint, dass die Regierung und die Regierenden auch an der Qualität ihrer Arbeit gemessen werden. Schwierig ist allerdings die Frage, was mit Qualität des Regierens gemeint sein könnte:

> Während die input-orientierte Demokratietheorie die authentischen (aber reflektierten) Äußerungen der Regierten als unhintergehbar subjektiven Tatbestand behandeln und zur Richtschnur der Politik machen muß, geht es aus der output-orientierten Perspektive im Prinzip um objektive Anforderungen an die Regierenden. … Die positive Stoßrichtung impliziert dagegen eine ‚Problemlösungsperspektive': Die Regierenden haben die Aufgabe, mit den Mitteln des Herrschaftsverbandes Schaden abzuwenden und den gemeinsamen Nutzen des ‚Volkes' zu fördern. (Scharpf 2004, 2.2.1.).

Das lässt nahezu alles offen, denn ob Schaden vom Volk abgewendet und sein Nutzen gefördert worden ist, ist schwer zu sagen. Eine kurzsichtige protektionistische Wirtschaftspolitik, wie sie lange Zeit etwa in Frankreich *en vogue* war, kann kurzfristig den individuellen Interessen vieler Wähler entsprechen und ihren Nutzen fördern. Aber schon mittelfristig wendet sie Schaden vom Volk nicht ab, sondern verursacht Schäden, die später nur schwer zu korrigieren sind. Wenn eine output-orientierte ‚Problemlösungsperspektive' meint, dass drängende und kostspielige Probleme der Gesellschaft zumindest wahrgenommen und in seriöser Weise angegangen werden, dann wird dies in einer globalisierten Wissensgesellschaft für Regieren zu einem hochgradig paradoxen Geschäft. Denn einerseits können Regierungen nun nicht mehr auf den irgendwie „veredelten" (Scharpf 2004, 2.2.1.) Sachverstand der Wähler zählen, sondern sie müssen im Gegenteil von einer durchdringenden Ignoranz aller Laien (und das sind die Meisten für die meisten Probleme) und damit von ihrer Anfälligkeit für Populismus ausgehen. Andererseits werden die Regierungen gerade bei den schwierigsten Problemen immer stärker von professioneller Expertise abhängig und müssen der Einschätzung von Fachleuten überlassen, was Schaden abwenden und Nutzen fördern könnte – etwa in den Politikfeldern der Finanzregulierung, des Klimawandels, der Terrorismusbekämpfung, der Schulpolitik und vieler anderer Beispiele komplexer, wissensintensiver Themen. Gerade wenn sie ‚gute' Politik im Sinne professioneller Problemlösungen machen wollen, kann Regieren nicht auf demokratische Mehrheiten hören, sondern muss sich dem Urteil hoch selektiver Fachgemeinschaften und Expertinnen (*scientific communities* und *communities of practice*) anvertrauen. Damit wird Regieren potentiell demokratisch und ineffektiv oder aber effektiv und undemokratisch.

Will man diese beunruhigende Paradoxie auflösen, dann geht es im Kern darum, die Effizienz der Demokratie zu stärken, indem effizientere, professionellere und problemadäquatere Formen für Entscheidungsfindung und politischen Steuerung als Zusatzeinrichtungen zur formalen (input-orientierten) Demokratie institutionalisiert werden. Die kritische Frage lautet dann: Wie lassen sich Formen der Nutzung professioneller Expertise in die Prozesse demokratischen Regierens einbauen, so dass es nicht zu einer Verringerung durch konkurrierende, sondern zu einer Verstärkung durch kombinierte Legitimität kommt? Die Fragestellung ist offensichtlich nicht ganz neu; sie wurde schon vor Jahrzehnten in den Debatten um Verbändedemokratie und Lobbyismus durchgespielt. Neu aber ist die Brisanz der Probleme, denen sich heutige Gesellschaften ausgesetzt sehen, und neu ist die Tiefe und Komplexität der für das Management dieser Probleme erforderlichen Expertise.

Genau daraus könnten nun neue Spielarten von Legitimität entstehen. Das kompetente und nach den Mertonschen Regeln des wissenschaftlichen Diskurses (Merton 1973) erreichte Urteil von Fachgemeinschaften kann zwar keine formal-demokratische Legitimität beanspruchen, wohl aber eine abgeleitete Form von Legitimität, die ich Legitimität durch Expertise nenne (Willke 2007, Kap. 3.3.). Dieses *Derivat* von Legitimität erhält seine Überzeugungskraft nicht aus bloßer Arithmetik (Mehrheitsregel), sondern aus dem besseren Argument. Allerdings nicht im Sinne eines allgemeinen und herrschaftsfreien Diskurses à la Habermas, denn das würde nur die Herrschaft der Ignoranz zementieren, sondern im Sinne des besseren Argumentes in einem Diskurs der (jeweils relevanten) Fachgemeinschaften. Dazu müssen diese Fachgemeinschaften erhebliche Voraussetzungen erfüllen, die im Einzelnen zu spezifizieren sind, etwa die Beachtung der Sokratischen Methode, der Mertonschen Regeln und eine interne demokratische Struktur (analog zur demokratischen Verbandsverfassung in der Verbandsdemokratie). Da das Wissenschaftssystem immerhin einige Tausend Jahre und das Universitätssystem über achthundert Jahre Erfahrung in diesen Dingen haben, müssen Überlegungen zur Ausgestaltung einer Legitimität durch Expertise nicht gänzlich neu erfunden werden.

3 Gegenwärtige Herausforderungen des Regierens

Der Grundgedanke der Argumentation in diesem Abschnitt ist, dass es wenig hilfreich ist, über die unbestreitbaren Mängel formaler Demokratie in hochkomplexen Entscheidungsfeldern zu lamentieren. Sinnvoller erscheint es, diese Mängel durch Zusatzeinrichtungen zur formalen Demokratie und zusätzliche Ressourcen derivativer Legitimität zu kompensieren. Wenn in schwierigen Problemfeldern demokratisches Entscheiden „schlechte Politik" produziert (Caplan), dann ist das nicht das Ende der Debatte, sondern der Anfang für notwendige Überlegungen darüber, wie formale Demokratie und differenzierte und spezialisierte Fachkompetenz stärker zusammengeführt werden können. So lassen sich beispielsweise die längst existierenden Ideen der demokratisch legitimierten Delegation von Spezialaufgaben in relativ autonome Institutionen einerseits und die Idee einer „Kette der Legitimtiät" (*chain of legitimacy*) (Nullmeier und Pritzlaff 2010) andererseits kombinieren, um eine dezentral verteilte kollektive Intelligenz zu organisieren und zu institutionalisieren.

Zweifelsohne stehen dem die Arroganz der Macht (etablierter Regierungen) und die Arroganz des Nationalstaates (etablierter Souveränität) entgegen. Es ist auf den ersten Blick verständlich, dass sie ihre Macht nicht teilen wollen. Allerdings könnte ein zweiter Blick enthüllen, dass sie nur durch eine Teilung der Macht ihre Macht erhalten können und nicht ganz zum Spielball vermögender Spezialinteressen und globaler Dynamiken werden. Zu einem „semi-souveränen Volk" (Schattschneider 1975/1960) und einem semi-souveränen Staat (Agnew 2005; Keohane 2002) in einer zumindest teilweise globalisierten Welt (Keohane 2001) kommt nun die Einsicht einer nur beschränkten Problemlösungsfähigkeit formaler Demokratie hinzu. Das sind keine guten Voraussetzungen dafür, Demokratie als *business as usual* zu betreiben. Demokratie ist das Beste, was wir haben, aber sie ist nicht gut genug.

3.2.2 Regieren in der globalen Wissensgesellschaft – global governance

Während sich die Nationalstaaten nach wie vor an die überkommenen Formen politischer Steuerung klammern, mussten die Institutionen globaler Governanz neue Wege beschreiten. Es blieb ihnen gar keine andere Wahl, denn sie können nicht auf einen Staat und formales Recht zurückgreifen. Solange es weder einen Weltstaat noch eine Weltregierung gibt, müssen die Institutionen des *global governance* innovative Instrumente, Prozesse und Formen der politischen Steuerung erfinden und institutionalisieren, um in transnationalen und globalen Kontexten Wirkungen erzielen zu können. Bemerkenswerterweise spielt in allen diesen innovativen Formen Expertise eine herausragende Rolle.

Wissen taucht als Ressource für Systemsteuerung natürlich nicht erst im Rahmen der Probleme und Möglichkeiten von globalem Regieren (im Sinne von *global governance*) auf. Schon das Marktmodell und das Demokratiemodell der Systemsteuerung greifen in grundlegender Weise auf Wissen zurück, um ihre Steuerungsleistung erbringen zu können. Friedrich von Hayek beschreibt den Wettbewerb als „Entdeckungsverfahren" und betont damit die funktionale Äquivalenz von Markt und Evolution. Er begründet die Besonderheit einer rationalen ökonomischen Ordnung auf der Tatsache „that the knowledge of the circumstances of which we must make use never exists in concentrated or integrated form, but solely as the dispersed bits of incomplete and frequently contradictory knowledge which all the separate individuals possess" (Hayek 1945, S. 519). Damit wird die Unsichtbarkeit des notwendigen Gesamtwissens zur Bedingung der Möglichkeit einer „rationalen" ökonomischen Ordnung. Es gilt in der Ökonomik seit Adam Smith als ausgemacht, dass Preise das fehlende Bindeglied zwischen dem Wissen der Einzelnen und der Ignoranz Aller darstellen. Die Beobachtung von Preisen

3 Gegenwärtige Herausforderungen des Regierens 127

schafft jene marginale Überlappung der vielen individuellen Wissensbereiche, die eine Verknüpfung zu beliebig komplexen Netzen von Wirtschaftssubjekten erlaubt.

In ganz ähnlicher Weise beschreibt Charles Lindblom „die Intelligenz der Demokratie" als einen dezentralen, evolutionären, vielseitigen und inkrementalen (schrittweisen) Anpassungsprozess, in dem sich durch viele lokale Lernprozesse ein globales Optimum und eine systemische Intelligenz ergibt (Lindblom 1965). March (1996, S. 203) unterstreicht dies mit der passenden Formel „finding intelligence in ambiguity and disorder". Wie verändert sich nun Regieren unter Bedingungen globaler Governanz und wie lässt sich politische Steuerung verstehen, wenn Lernen als Prozess und Wissen/Nichtwissen als Ergebnis dieses Prozesses nicht einfach passieren, sondern in strategischer Absicht den Prozessen globaler Kommunikation aufmoduliert werden? Immer schon ist Kommunikation, wie Luhmann betont, eine von Wissen/Nichtwissen getriebene Operation. Die Inhalte dieses Wissens beziehen sich mit der gesellschaftsgeschichtlichen Moderne zunehmend auf neues Wissen, das gegenüber dem originalen, alten, unvordenklichen Wissen die Oberhand gewinnt und in dem eigens dafür ausdifferenzierten Funktionssystem der Wissenschaft als geltendes Wissen generiert wird.

Diese stabile Dynamik der Wissensordnung gerät gegenwärtig aus zwei Gründen ins Wanken. Zum einen weitet sich die Schaffung neuen relevanten Wissens aus dem Wissenschaftssystem aus in alle denkbaren gesellschaftlichen Bereiche und vervielfältigt sich in „multiple centers of expertise" (Jasanoff 1990, S. 76). Diese Center produzieren und verwalten operatives Wissen. Sie greifen somit in den gesellschaftlich umfassenden Prozess der Allokation und Dislozierung von Wissen ein. Wissen wird von „Wahrheit" zu einer Ressource, die nicht mehr im gemächlichen Tempo des Wissenschaftssystems als Folge eines zweckfrei gedachten Erkenntnisprozesses abfällt, sondern unter Bedingungen globaler Konkurrenz auf Umsetzung von Inventionen in

Innovationen zielt. Zum anderen gewinnt die strategische und operative Steuerung der Ressource Wissen als politisches Wissensmanagement für die Reproduktion von Gesellschaften (und ihrer Subsysteme) eine vergleichbare Bedeutung wie das Management von Arbeit und das Management von Kapital.

Dies hat besondere Bedeutung für globales Regieren. Während Land und Arbeit als Produktivfaktoren die territoriale Begrenzung nationalstaatlicher Politik verstärken konnten, löst sich bereits das Kapital, und in erheblich verstärktem Maße das globale Finanzkapital, aus dieser Verengung heraus. Wissen war auch immer schon ein grenzenloses Medium, das sich trotz Patenten, Eigentumsrechten etc. im Zeitalter globaler Kommunikationsinfrastrukturen nicht einmal mehr von absolutistischen Staaten eingrenzen lässt. Die Wissensbasierung von Gesellschaften und ihren Subsystemen bis hinein in die darin produzierten Güter verstärkt die Auflösung von Territorialität (Sassen 1998) und stellt die Fähigkeit von Gesellschaften zur Selbststeuerung vor neue Herausforderungen. Wenn Wissen zum dominanten Produktivfaktor und zu einer strategisch verwendbaren Ressource wird, dann wächst auch die Bedeutung von spezifischem und unspezifischem Nichtwissen und mithin der Raum möglicher Systemrisiken. Dies lässt sich heute vor allem an den Systemrisiken des globalen Finanzsystems ablesen. Und schließlich: Wenn Kommunikation eine von Wissen/Nichtwissen getriebene Operation ist und Wissen zunehmend einem strategischen Management durch Gesellschaften, Organisationen und Personen unterliegt, was bleibt dann vom ebenso sympathischen wie hilflosen Mythos eines herrschaftsfreien Diskurses – und wie muss sich Demokratie als Regierungsform auf diese Herausforderung einstellen?

Ausgangspunkt der weiteren Überlegungen ist einerseits die von Luhmann formulierte These, „dass die Entscheidungsabhängigkeit der Zukunft der Gesellschaft zugenommen hat" (Luhmann 1991, S. 6). Andererseits gilt die komplementäre

3 Gegenwärtige Herausforderungen des Regierens

Annahme, dass Kompetenzen/Unfähigkeiten im Umgang mit Ungewissheit den entscheidenden Hebel für die Gestaltung von Zukunft durch Entscheidungen ausmachen. Entscheidungsfähigkeit avanciert damit zum Kriterium gelingender Steuerung und radikaler noch zum Kriterium gelingenden Regierens im Sinne von nationalen, transnationalen und globalen Formen der Governanz. An die Bearbeitung von Nichtwissen ist Entscheidungsfähigkeit in dem Maße geknüpft, wie soziale Systeme die Fähigkeit entwickeln, nicht nur „im Spiegel der Vergangenheit Zukunft zu sehen" (Luhmann 1991, S. 44), sondern in den Projektionen möglicher Zukünfte über Zukunft zu entscheiden. Stärker noch als Extrapolationen aus der Vergangenheit setzen sich allerdings Rückprojektionen aus möglichen Zukünften dem unvermeidlichen Problem von Unsicherheit aus. Sobald aus den Rückrechnungen von Zukunftsprojektionen Entscheidungen abgeleitet werden, sind damit unweigerlich Risiken und Chancen verbunden, die andere nicht haben, wenn und weil sie zu diesen Entscheidungen nicht kommen (können).

Wenn mögliche Zukünfte von Entscheidungen abhängig werden, und wenn die Entscheidungsparameter von Vergangenheit (bisherige Entwicklungen) auf Zukunft (mögliche Entwicklungen) umgestellt werden, dann werden die Verhältnisse komplex und unübersichtlich. Wenn Expertise im Umgang mit Ungewissheit zu dem Kriterium wird, welches über die Verteilung von Chancen und Risiken entscheidet, dann folgt daraus, dass die Prämissen der Systemsteuerung nicht mehr primär auf Möglichkeiten der Kontrolle zielen, sondern auf Möglichkeiten der Steigerung von Kontingenz – also darauf, Chancen zu ermöglichen. Je stärker Regieren darauf gerichtet ist, mögliche Zukünfte herzustellen, desto stärker ist es im Kontext einer sich bildenden Wissensgesellschaft auf Expertise und den Umgang mit dem komplementären Nichtwissen angewiesen.

An einigen Institutionen des globalen Regierens lässt sich dieser Übergang beispielhaft beobachten. WTO, FSB, BIZ, die globalen Rating Agenturen, WHO, OECD, IAEA, IMF oder Weltbank und viele andere Organisationen verteilter globaler Steuerung sind hochrangig wissensbasiert und verdanken ihren Einfluss einer auf Erfahrung und Expertise gegründeten Reputation. Das schließt Fehler und Irrtümer keineswegs aus, im Gegenteil, beides gehört zum Aufbau jeglicher Form von Expertise. Obwohl alle diese Organisationen keine genuine formale Legitimität besitzen, haben sie sich doch beispielhaft eine derivative Legitimität durch Expertise erworben (ausführlich dazu Willke 2006, S. 74 ff.).

Ein exemplarischer und in mancher Hinsicht besonders problematischer Fall sind die großen, globalen Rating-Agenturen. Sie sind als Wirtschaftsunternehmen Mitte des 19. Jahrhunderts beim Bau der großen amerikanischen Eisenbahnlinien entstanden. Die Bahnlinien wurden von englischen Investoren finanziert, die sich allerdings nicht vor Ort über Bonität und Seriosität der Baufirmen informieren konnten. Diese Dienste der Beurteilung und Bewertung übernahmen die Rating-Agenturen (RAs). Die „Credit-rating-agencies" sind die im globalen Maßstab etablierten, faktisch offiziellen und anerkannten Einrichtungen der Bewertung der Kreditwürdigkeit (Bonität) von Organisationen, Institutionen und Ländern. Sie bilden die oberste, einflussreichste und problematischste Ebene der Finanzdienstleistungshierarchie. Das Rating-Geschäft wurde lange von dem Duopol zweier amerikanischer Agenturen beherrscht, Moody's Investors Service (Moody's) und Standard & Poor's Ratings Group (S&P). Inzwischen ist Fitch Ratings aus Mergern zwischen Fitch Investors Service, IBCA (London), Euronotation (Paris), Duff & Phelps (Chicago) und Thomson Bank Watch (New York) als dritter Spieler nach den beiden Großen der Branche entstanden.

Rating ist ein global anerkanntes vergleichendes Instrument, welches nicht nur quantitative sondern auch qualitative Daten nutzt, insbesondere Einschätzungen der Wettbewerbslage, der Ertragskraft, der Finanzstruktur, der Vermögenswerte, der

Managementqualität und der strategischen Ausrichtung einer Organisation. Die Einstufung einer Organisation oder Einrichtung im Rating-System drückt die Einschätzung der Agenturen darüber aus, mit welcher Bonität und mit welchem Risiko ein Schuldner fähig sein wird, seine Verpflichtungen aus der Aufnahme von Fremdkapital (für die Laufzeit dieser Schulden) zu erfüllen. In ihrer über hundertjährigen Geschichte haben sich die RAs eine beeindruckende Reputation durch Expertise erworben, welche sie für alle Arten von Bonitätsprüfungen unersetzlich macht. Zugleich haben ihre Bewertungen zunehmend Eingang in nationale Gesetzgebungen gefunden, so dass sie als private Firmen in einen quasi-öffentlichen Status erhoben worden sind.

Diese herausgehobene Stellung haben sie allerdings in der globalen Finanzkrise selbst zerstört, weil selbst sie den Verlockungen des schnellen großen Geldes in dem „irrational exuberance" vor Ausbruch der Krise nicht widerstehen konnten. Sie haben sich auf Interessenskonflikte eingelassen, ihren Kunden schlechte Dienste erwiesen und sich als ebenso unzuverlässig erwiesen wie viele Finanzfirmen und ihre Vorstände (Bankenaufsicht 2000; Demortain 2008; Sinclair 2005). Daher haben mehrere Regierungen einschließlich der EU Gesetzesvorhaben in Gang gesetzt, die auf eine stärkere Kontrolle und Haftung der RAs zielen. Anfang 2013 hat das amerikanische Finanzministerium die RA Standard & Poor's sogar auf Mitschuld an der Auslösung der Finanzkrise verklagt. Das Versagen der RAs in der Finanzkrise ist umso erstaunlicher, als sie damit ihre einzige Ressource – ihre Reputation – in Verruf gebracht haben. Noch erstaunlicher ist allerdings, wie schnell und geräuschlos die RAs nach Abflauen der akuten Krise wieder in ihre alte Rolle zurückkehren konnten. Dies ist kein Beleg für Reue und Besserung, sondern nur Ausdruck ihrer Unersetzlichkeit. Das globale Finanzsystem ist auf ihre Funktionen angewiesen. Die RAs zeigen beispielhaft, wie sehr laterale Weltsysteme von hoch spezialisierter Expertise abhängig geworden sind und wie massiv eine globalisierte Wissensgesellschaft das Geschäft politischer Steuerung erschwert.

Für laterale Weltsysteme – wie vor allem Weltfinanz, Welthandel, Weltwirtschaft oder Weltgesundheit – gilt in verstärktem Maße das, was Fritz Scharpf sogar für die EU feststellt: Die formale, nach liberalen oder republikanischen Maßstäben gemessene Legitimität des europäischen Regierens ist bemerkenswert schwach ausgeprägt, und durch die Euro-Krise zusätzlich unter starken Druck geraten (Scharpf 2012). Sogar in der EU ist über die 27 Mitgliedsstaaten hinweg keine kollektive Identität entstanden und es bestehen keine Mechanismen der republikanischen politischen Willensbildung (wie EU-weite politische Kommunikation, Parteien oder Parteienwettbewerb) (Scharpf 2012, S. 15). Völlig aussichtslos erscheint daher die Erwartung, auf globaler Ebene so etwas wie eine Weltgesellschaft, einen Weltstaat oder eine Weltregierung in einem auch nur annähernd legitimen demokratischen Sinne etablieren zu können. Umso dringlicher sind daher Mechanismen der Erzeugung derivativer Formen der Legitimität. Formen dieser Art sind Legitimität durch Verfahren (Luhmann 1969), durch Selbstorganisation und Selbststeuerung (Black 2009; Buchanan und Keohane 2006; Hechter 2009) und insbesondere Legitimität durch Expertise (Sinclair 2005; Willke 2006, S. 65 ff.).

Sobald Regieren als politische Steuerung die Ebene des Nationalstaates überschreitet und in vielen relevanten Politikfeldern zu globalem Regieren im Sinne von *global governance* wird, muss das Problem der Legitimität grundlegend neu durchdacht werden. Ein Weg dazu ist, die kompakte Formel formaler demokratischer Legitimität in ihre konstitutiven Bestandteile aufzulösen und zu prüfen, inwieweit eine bestimmte Steuerungsform – als *governance regime* – die Bestandteile von Demokratie realisiert oder eben nicht berücksichtigt. Faktoren, die zur demokratischen Legitimität beitragen, sind vor allem Partizipation, Repräsentation, Transparenz, Verantwortlichkeit (*accountability*), Herrschaft der Gesetze (*rule of law*) und Steuerungskompetenz. Ein interessanter

3 Gegenwärtige Herausforderungen des Regierens

Konzeptualisierung des Demokratiebarometers

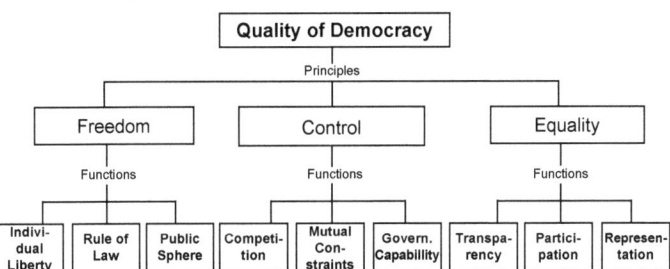

Abb. 3.2 Demokratiebarometer

Vorschlag zur Systematisierung der Komponenten ist das Demokratiebarometer der Uni Zurich (siehe die folgende Abb. 3.2).

In den Governanz-Regimen der lateralen Weltsysteme, beispielhaft in den Steuerungsformen der WTO, der WHO, des IOC oder des IMF, sind jeweils einige dieser konstitutiven Faktoren von Legitimität gut ausgeprägt, andere weniger. Rückt man von dem Idealbild einer lupenreinen formalen Demokratie für die politische Steuerung lateraler Weltsysteme ab, dann ergibt sich ein weiter Spielraum mehr oder weniger ‚brauchbarer' Legitimität der Steuerungsregime internationaler, transnationaler und globaler Funktionskontexte. Die Forderung nach einer lupenreinen demokratischen Legitimation der Steuerungs-Institutionen der lateralen Weltsysteme ist nicht nur völlig unrealistisch und pharisäisch, sondern sie verdeckt auch die durchaus substantiellen Fortschritte, die jedenfalls einige der Organisationen inzwischen erreicht haben. So ist etwa die WTO nicht nur in ihren Streitschlichtungsverfahren beispielhaft regelorientiert und fair; sie hat sich auch in den Kategorien Partizipation und Transparenz verbessert, indem sie für entsprechende Fälle ausgewählte NGOs als Beobachter und Experten zulässt (Deere-Birkbeck 2009; Garrett und Smith 1999; Hilf 2001; Senti 2005; Zangl 2006).

4
Zur Zukunft des Regierens

Kurz vor der Jahrtausendwende schrieb James Rosenau einen einsichtsvollen Artikel zur Zukunft der Politik (Rosenau 1999). Er bezeichnete die sich vertiefende Globalisierung als den Beginn einer neuen Epoche, die durch vier grundlegende Veränderungen gekennzeichnet sei: eine Revolution der Kompetenzen (*skill revolution*), eine Explosion der Zahl und Bedeutung von Organisationen (*organizational explosion*), globale Ströme von Geld, Gütern und Menschen (*continuous flow of money, goods and people*), und eine umfassende Dezentralisierung von Autorität (*extensive decentralization of authority*). Damit sind zentrale Dimensionen der Veränderung des Regierens benannt, die insgesamt, wie mehrfach bemerkt, die Prozesse des Regierens nicht einfacher machen. Rosenau erwartet aufgrund der Veränderungen eine Verschärfung von Widersprüchen, Ambiguitäten und Ungewissheiten, und er sieht die neu heraufziehende Epoche gerade durch ihre Widersprüchlichkeiten definiert: „A key to grasping the emergent epoch lies in its contradictions" (Rosenau 1999, S. 1006).

Für das Management und die Kunst des Regierens lassen sich zwei fundamentale Widersprüche benennen, welche über die Zukunft politischer Steuerung entscheiden: Zum einen der Konflikt zwischen der traditionellen Souveränität der Nationalstaaten und dem dichter werdenden Netz von internationalen, transnationalen und globalen Kontexten und Mehrebenen-Systemen; zum anderen der Konflikt zwischen der Ignoranz der Mehrheit und dem Demokratiedefizit der Experten- und Fachgemeinschaften. Beide Widersprüche sind direkte Folgen der laufenden Transformation nationalstaatlich organisierter Industriegesellschaften in globalisierte Wissensgesellschaften. Diese Transformation ist, historisch gesehen, gerade erst mit tastenden Schritten auf dem Weg und daher in vielen Konsequenzen und Entwicklungslinien noch nicht absehbar. Abzusehen ist aber bereits jetzt, dass diese Umwandlung der Gesellschaft mittelfristig so tiefgreifend sein wird wie vor zweihundert Jahren die Transformation der Agrargesellschaften Europas in Industriegesellschaften. Es kann nicht überraschen, dass unter diesen Bedingungen Regieren voraussetzungsvoller und komplizierter wird. Damit werden auch innovative Konzeptionen, Modelle und Instrumente des Regierens wichtiger, um die Praxis des Regierens wieder näher auf Augenhöhe mit ihren Herausforderungen zu bringen.

Wie könnten Theorie und Praxis politischer Steuerung auf die prägenden Widersprüche der neuen Epoche globalisierter Wissensgesellschaften reagieren? Ein erprobter Ausgangspunkt für Antworten auf dieser Frage ist eine SWOT-Analyse gegenwärtiger demokratischer politischer Steuerung. Eine SWOT-Analyse portraitiert Kernpunkte der Stärken (*Strenghts*), Schwächen (*Weaknesses*), Chancen (*Opportunities*) und Risiken (*Threats*) einer Einrichtung, im Fall von Demokratie also eines Steuerungsregimes. Ohne hier in Einzelheiten zu gehen, lässt sich aus der bisherigen Argumentation dieses Textes herauslesen, dass prägende Stärken demokratischer politischer Steuerung darin liegen, die Herrschaft des Gesetzes über die Herrschaft von Personen zu stellen und in einem inkrementalen, evolutionären Anpassungsprozess eine zwar kleinteilige, aber kontinuierliche Lernleistung zu erbringen. Die größten Schwächen der Demokratie liegen in mangelnder Langfristigkeit und einer entsprechend auf Opportunismus eingeschränkten Lernfähigkeit. Chancen ergeben sich für demokratische Steuerung dort, wo es gelingt, Strategiefähigkeit und reflektiertes Lernen zu etablieren. Risiken für demokra-

SWOT-Analyse der Demokratie

Stärken	Chancen
Evolutionäre Anpassung	Smart governance
• Schrittweise Veränderung • Geltung des Rechts	• Strategiefähigkeit • Reflektiertes Lernen
Schwächen	**Risiken**
Irrelevanz	Selbstzerstörung
• Opportunismus • Inkrementalismus	• Populismus • Herrschaft der Moral

Fig. 4.1 SWOT-Analyse der Demokratie

tische Steuerung, die sich in Zeiten der Finanz- und Euro-Krise manifest beobachten lassen, sind vor allem in einer Tendenz zum Populismus zu sehen, der sich mit kurzfristigem Opportunismus von Regierenden zu einer explosiven Mischung verbindet. (Siehe als Überblick die folgende Fig. 4.1). Im Folgenden soll beispielhaft nur das Feld ‚Chance' näher beleuchtet werden.

Angemessenere Formen politischer Steuerung in einer neuen Epoche der Globalisierung und der beginnenden Wissensgesellschaft setzen nach dem Gesagten Strategiefähigkeit und die Fähigkeit zu reflektiertem Lernen voraus. Strategiefähigkeit stößt sich offensichtlich mit der Verengung des politischen Denkens auf kurze Legislaturperioden. Langfristige Probleme wie Demografie, Armut, Klima, öffentliche Verschuldung, Energie, Alterssicherungssysteme, Kostenexplosion im Gesundheitssystem und viele andere vertragen nicht den Tunnelblick vierjähriger Regierungsperioden. Will man aber Demokratie im Sinne der Verantwortlichkeit der Regierung gegenüber den Wählern erhalten, dann kann man nicht einfach die Legislaturperioden beliebig verlängern. Ein möglicher Ausweg aus dem Dilemma könnte sein, über bestehende Beratungseinrichtungen hinaus explizit Institutionen zu schaffen, die im Auftrag der Politik strategische Analysen durchführen und daraus strategische Optionen ableiten. Um dies allerdings in Strategiefähigkeit politischer Steuerung umzumünzen, müssten diese Institutionen deutlich mehr als nur beratende Funktion haben. Sie müssten, analog zur Rolle der Bundesbank oder der ECB, für bestimmte Politikfelder eigene Entscheidungskompetenz unter der Supervision der Politik haben. Intelligentes Regieren stellt sich dann vor allem als eine dezentrale Konfiguration von semi-autonomen Institutionen dar, die mit abgeleiteter Legitimation und eigener Verantwortung strategische Optionen entwickeln und in einem geeigneten Verfahren mit der jeweiligen Regierung abstimmen. Konkrete Ausprägungen solcher Institutionen könnten Akademien, Stiftungen, Think Tanks oder Policy-Netzwerke sein.

Zur abgeleiteten Legitimität derartiger Institutionen käme eine „prozedurale Rationalität" (Simon 1978) hinzu, die auf Transparenz, Fairness und Partizipation beruht, also auf der Qualität der Abstimmungsverfahren, und die im Laufe der Zeit durch Output-Legitimität ergänzt werden könnte, wenn die Ergebnisse überzeugen. Noch einmal: Tatsächlich gibt es längst alle dieser Formen der Beratung und Entscheidungsvorbereitung durch spezialisierte Expertise. Aber sie operieren im Graubereich ungeklärter Zuständigkeiten, Befugnisse und Beauftragungen als Unterwelt politischer Beratung. Dagegen käme es für den Aufbau von Strategiefähigkeit demokratischer Steuerung darauf an, diese Einrichtungen in die offizielle Welt des Regierens einzubauen und mit geklärten Kompetenzen und legitimationsbildenden Verfahren zu versehen. Statt im Halbdunkel zu operieren, müssen sie in das Licht demokratischer Supervision und adäquater prozeduraler Rationalität gestellt werden.

Allerdings setzt all dies ein Lernvermögen der Politik voraus, das gegenwärtig kaum ausgebildet ist. Demokratie ist stark darin, sich kleinschrittig und kontinuierlich an evolutionäre Veränderungen anzupassen. Sie hat sich im Laufe von zwei Jahrhunderten historischer Lernprozesse zweifelsohne zu einem intelligenten System entwickelt – intelligent genug für graduelle Veränderungen. Dagegen sind die Fähigkeiten zum Lernen des Lernens (reflexives Lernen oder Lernen 2. Stufe) und zum strategischen Lernen (reflektiertes Lernen oder Lernen 3. Stufe) wenig ausgeprägt. Schon vor Jahrzehnten hat daher etwa Etzioni ein doppelstufiges Entscheidungsverfahren (*mixed scanning*) vorgeschlagen, in dem zuerst mit einem Weitwinkel-Blick ein Problemfeld insgesamt betrachtet wird, bevor erst im zweiten Schritt der Fokus mit einem Zoom auf konkrete Details des Problemfeldes gerichtet wird (Etzioni 1967). Der Weitwinkel-Blick erlaubt es, auch fundamentale, großflächige Veränderungen wahrzunehmen, die dem Detail-Blick völlig entgehen. Genau an dieser Fähigkeit, auch fundamentale Veränderungen wahrzunehmen, mangelt es der Demokratie. Um sie resilient zu machen und in die Lage zu versetzen, mit systemischen Risiken umzugehen, sind demnach Kompetenzen des „mixed scanning" und des Lernens zweiter und dritter Stufe erforderlich.

Dieses Lernen schließt ein zu lernen, welche Art von politischen Problemen sich nach den Regeln formaler Demokratie nicht oder nur völlig unzureichend lösen lassen. Politische Systeme und ihre Regierenden müssen sich zu der Einsicht durchringen, dass sie von bestimmten Typen von Problemen grundsätzlich und systemisch überfordert sind. Es sind Probleme mit kontraintuitiver Zeitdynamik (Forrester 1971, 1972, 1982; Kahneman 2011; Kahneman und Tversky 1982), Probleme mit langfristigen Folgewirkungen (Meadows 1972, 1982) und Probleme, die erst aus dem systemischen Zusammenspiel vieler Faktoren als emergente Eigenschaft entstehen (Willke 2010a, 2011b).

Das Thema der Reform und Weiterentwicklung von Demokratie als politischem Steuerungsregime ist brisant geworden, seit das Chinesische Modell einer Verknüpfung von autoritärer Politik und kapitalistischem Markt als ernst zu nehmende Konkurrenz auftritt. Die Vorteile dieses Modells entsprechen genau den Schwächen der Demokratie: Die chinesische Politik zeichnet sich in vielen Hinsichten (und sicherlich nicht in allen) durch strategische Perspektive, Langfristigkeit und geduldige Lernfähigkeit aus (An 2007; Chin und Thakur 2010; Halper 2010; Quingguo 2009). Damit ist es vor allem in der Dritten Welt und für viele Entwicklungsländer zu einem Modell geworden, das attraktiver erscheint als die westliche Demokratie (Moyo 2010, 2011). An dieser Stelle geht es nicht um eine Bewertung des chinesischen Modells der Gesellschaftssteuerung, sondern nur darum, die Herausforderung für die westlichen Demokratien zu markieren. Dass auch ein so erfolgreiches Modell wie die formale Demokratie nicht sakrosankt ist, lehrt jede historische Erfahrung. Offen ist allerdings, woher die starken Impulse kommen könnten, um den politischen Systemen der westlichen Demokratien hinreichend vor Augen zu führen, dass gegenüber den neuen Herausforderungen deutliche Veränderungen und Weiterentwicklungen unumgänglich sind. Wenn selbst eine Krise von der Massivität der globalen Finanzkrise nicht für weitreichende Reformen genutzt wird, dann stehen die Aussichten für eine angemessene oder auch nur brauchbare Form des Regierens schlecht.

Literatur

Agnew, John. 2005. Sovereignty regimes: Territoriality and state authority in contemporary world politics. *Annals of the Association of American Geographers* 92 (2): 437–461.

An, Chen. 2007. Why does capitalism fail to push China toward democracy? Chapter 8. In *China's emergent political economy: Capitalism and the dragon's lair*, Hrsg. Christopher McNally. London: Routledge.

Arrighi, Giovanni, und Walter Goldfrank. 2000. Festschrift for Immanuel Wallerstein, Part I and Part II. *Journal of World Systems Research* VI (3, Fall/Winter 2000).

Ashby, Ross. 1958. Requisite variety and its implications for the control of complex systems. *Cybernetica* 1: 83–99.

Axelrod, Robert. 1984. *The evolution of cooperation*. New York: Basic Books.

Axelrod, Robert. 1997. *The complexity of cooperation: Agent-Based models of competition and collaboration*. Princeton: Princeton University Press.

Axelrod, Robert, und Robert Keohane. 1985. Achieving cooperation under anarchy: Strategies and institutions. *World Politics* 38 (1): 226–254.

Ayres, Jeffrey. 2004. Framing collective action against neoliberalism: The case of the „Anti-globalization" movement. *Journal of World Systems Research* X (1, Winter 2004): 11–34.

Bankenaufsicht, Basler Ausschuss für. 2000. Credit ratings and complementary sources of credit quality information. Working paper No. 3, August 2000. www.bis.org.

Baring, Arnulf. 1984/1982. *Machtwechsel. Die Ära Brandt-Scheel*. München: DVA.

Basel Committee, on Banking Supervision. 2010. The Basel Committee's response to the financial crisis: Report to the G20. *Bank for International*

Settlements. October 2010. Basel. http://www.bis.org/list/bcbs/lang_de/index.htm. Zugegriffen: 4. Jan 2011.

Bertalanffy, Ludwig von. 1979. *General system theory. 6 rev. Aufl.* New York.

Bette, Karl. 2000. Ruinöse Kopplungen: Strukturelle Defiite im Dopingdiskurs. *Unveröffentlichtes Manuskript. Universität Heidelberg. Institut für Sportwissenschaft.*

Black, Julia. 2002. Critical reflections on regulation. *Centre for analysis of risk and regulation at the London School of Economics and Political Science. Dort verfügbar als pdf-Datei.*

Black, Julia. 2009. Legitimacy and the competition for regulatory share. LSE Law, society and economy working papers 14/2009.

Borio, Claudio. 2011. Implementing a macroprudentail framework: Blending boldness and realism. *Capitalism and society. The Berkeley Electronic Press* 6 (1): Article 1.

Boudon, Raymond. 1998. Limitations of rational choice theory. *American Journal of Sociology* 104 (3): 817–828.

Brunsson, Nils. 1982. The irrationality of action and action rationality: Decisions, ideologies and organisational actions. *Journal of Management Studies* 19: 29–44.

Brunsson, Nils. 1985. *The irrational organization: irrationality as a basis for organizational change and action.* Chichester: Wiley.

Brunsson, Nils. 1989. *The organization of hypocrisy: Talk, decisions and actions in organizations.* Chichester: Wiley.

Buchanan, Allen, und Robert Keohane. 2006. The legitimacy of global governance institutions. *Ethics & International Affairs* 20 (4): 404–415.

Bußhoff, Heinrich, Hrsg. 1992. *Politische Steuerung. Steuerbarkeit und Steuerungsfähigkeit. Beiträge zur Grundlagendiskussion.* Baden-Baden: Nomos.

Caplan, Bryan. 2007. The myth of the rational voter: Why democracies choose bad politics. Cato Institute. Policy Analysis Series No. 594. http://www.cato.org/pubs/pas/pa594.pdf. Zugegriffen: 29. May 2007.

Caplan, Bryan. 2008. *The myth of the rational voter: Why democracies choose bad politics. Paperback edition with a new preface by the author.* Princeton: Princeton University Press.

Cassirer, Ernst. 2002. *Philosophie der symbolischen Formen. Zweiter Teil: Das mythische Denken. Text und Anmerkungen bearbeitet von Claus Rosenkranz. Gesammelte Werke. Hamburger Ausgabe Band 12.*

Chhotray, Vasudha, und Gerry Stoker. 2010. *Governance theory and practice: A cross-disciplinary approach*. New York: Palgrave MacMillan.

Chin, Gregory, und Ramesh Thakur. 2010. Will China change the rules of global order? *The Washington Quarterly* 33 (4): 119–138.

Commission, Financial Crisis Inquiry. 2011. *Financial Crisis Inquiry Report. Final Report of the National Commission on the causes of the financial and economic crisis in the United States*. Washington.

Cyert, Richard, und James March. 1992. An Epilogue, 214–246. In *A behavioral theory of the firm. 2. Aufl.*, Hrsg. Richard Cyert und James March. Cambridge: Harvard UP.

Dahl, Robert. 1999. The shifting boundaries of democratic governments. *Social Research* 66 (3): 915–931.

Deacon, Terrence. 1997. *The symbolic species. The co-evolution of language and the human brain*. London: Allen Lane, The Penguin Press.

Deere-Birkbeck, Carolyn. 2009. Reinvigorating debate on WTO reform: the contours of a functional and normative approach to analyzing the WTO system. *Global Economic Governance Programme. University College Oxford. Working Paper WP 2009/50. Available at www.globaleconomicgovernance.org/working-papers*.

Demortain, David. 2008. Credit rating agencies and the faulty marketing authorisation of toxic products. *Risk & Regulation. Magazine of the ESRC Centre for Analysis of Risk and Regulation* (December 2008): 15.

Dertouzos, Michael, Richard Lester, und Robert Solow. 1990. *Made in America. Regaining the productive edge. First publ. in 1989*. New York: Harper.

Di Mauro, Beatrice. 2010. Reshaping systemic risk regulation in Europe. *Brown Journal of World Affairs* XVI (II): 179–191.

DiMaggio, Paul, und Walter Powell. 1983. The iron cage revisited: Institutional isomophism and collective rationality in organizational fields. *American Sociological Review* 48 (2): 147–160.

Dörner, Dietrich. 1989. *Die Logik des Mißlingens*. Reinbek: Rowohlt.

Douglas, Mary. 1986. *How institutions think*. Syracuse: Syracuse University Press.

Downs, Anthony. 1957. *An economic theory of demoracy*. New York: Harper & Brothers.

Durkheim, Emile. 1988. *Über soziale Arbeitsteilung. Dt. Übersetzung der franz. Originalausgabe von 1930. 2. dt. Aufl.* Frankfurt a. M.: Suhrkamp.

Eigen, Manfred. 1971. Self-Organization of Matter and the Evolution of Biological Macromolecules. *Naturwissenschaften* 58: 465–523.

Eigen, Manfred, und Peter Schuster. 1979. *The hypercycle: A principle of natural self-organization*. Berlin u. a.: Springer.

Elias, Norbert. 1977. *Über den Prozeß der Zivilisation, 2 Bände*. Frankfurt a. M.: Suhrkamp.

Elliott, Douglas. 2011. Filling the gap in financial regulation. An overview of macroprudential policy and countercyclical capital requirements. The Brookings Institution. Washington, D.C. http://www.brookings.edu/~/media/Files/rc/papers/2011/0311_capital_elliott/0311_capital_elliott.pdf. Zugegriffen: 15. März 2011.

Erler, Brigitte. 1985. *Tödliche Hilfe*. Freiburg.

Etzioni, Amitai. 1967. Mixed scanning: A third approach to decision making. *Public Administration Review* 27 (5): 385–392.

Etzioni, Amitai. 1971. *The Active Society. Erstausgabe 1968*. New York: Free Press.

Fehr, Johannes. 2003. *Saussure: Zwischen Linguistik und Semiologie. Ein einleitender Kommentar. Erste Teil von: Ferdinand de Saussure. Linguistik und Semiologie*. Frankfurt a. M.: Suhrkamp.

Foerster, Heinz von 1985. Das Konstruieren einer Wirklichkeit. In *Die erfundene Wirklichkeit*, Hrsg. Paul Watzlawick. 2. Aufl., 39–60. München: Piper.

Forrester, Jay. 1971. *World dynamics*. Cambridge: MIT Press.

Forrester, Jay. 1972. Understanding the counterintuitive behavior of social systems. In *System Behavior*, Hrsg. J. Beishon und G. Peters 200–217. London.

Forrester, Jay. 1982. Global modelling revisited. *Futures 14* 1982 (April): 95–110.

Frede, Dorothea. 2000. Dienstrechtsänderung statt Universitätsreform. *Frankfurter Allgemeine Zeitung* Nr. 137 vom 15. Juni 2000, 10.

FSB, Financial Stability Board. 2011. Macroprudential policy tools and frameworks. Progress Report to G20. 27 October 2011. http://www.imf.org/external/np/g20/pdf/102711.pdf.

Galati, Gabriele, und Richhild Moessner. 2011. Macropurdential policy – a literature review. BIS Working Papers No 337, February 2011. Bank for International Settlement, Basel. www.bis.org. Zugegriffen: 15. März 2011.

Garrett, Geoffrey, und James Smith. 1999. The politics of WTO dispute settlement. *Paper prepared for presentation at the Annual Meeting of the American Political Science Association, Atlanta, GA, September 1–5, 1999. pdf-file.*

Gehlen, Arnold. 1963. Probleme einer soziologischen Handlungslehre, 196–230xx. In *Studien zur Anthropologie und Soziologie*, Hrsg. Arnold Gehlen. Neuwied: Luchterhand.

Gelernter, David. 2000. Warum Sie an Ihrem Computer verzweifeln. *Frankfurter Allgemeine Zeitung.* Nr. 137 vom 15. Juni 2000, 59.

Glasersfeld, Ernst von 1985. Einführung in den radikalen Konstruktivismus. In *Die erfundene Wirklichkeit*, Hrsg. Paul Watzlawick. 16–38. München: Piper.

Goldin, Ian, und Tiffany Vogel. 2010. Global governance and systemic risk in the 21st century: Lessons from the financial crisis. *Global Policy* 1 (1): 4–15.

Grande, Edgar, und Louis Pauly, Hrsg. 2005. *Complex sovereignty. Reconstituting political authority in the twenty-first century.* Toronto: University of Toronto Press.

Granovetter, Mark. 1992. Economic action and social structure: The problem of embeddedness, 304–333. In *Decision Making. Alternatives to rational choice models*, Hrsg. Mary Zey. Newbury Park u. a.: Sage.

Grimm, Dieter, Hrsg. 1994. *Staatsaufgaben.* Baden-Baden: Nomos.

Grimm, Dieter, Hrsg. 1996. *Staatsaufgaben.* Frankfurt a. M.: Suhrkamp.

Guéhenno, Jean-Marie. 1995. *The end of the nation-state.* Minneapolis: University of Minnesota Press.

Habermas, Jürgen. 1992. *Faktizität und Geltung.* Frankfurt a. M.: Suhrkamp.

Hale, Thomas, David Held, und Kevin Young. 2013. *Gridlock: Why global cooperation is failing when it's most needed.* Cambridge: Polity Press.

Haley, Jay, und Hoffmann Lynn. 1967. *Techniques of family therapy.* New York: Basic Books.

Halper, Stefan. 2010. *The Beijing consensus. How China's authoritarian model will dominate the twenty-first century.* New York: Basic Books.

Hamel, Gary, und Liisa Välikangas. 2003. The quest for resilience. *Harvard Business Review* 2003 (9): 52–63.

Hardin, Gerrett. 1968. The tragedy of the commons. *Science* 162: 1243–1248.

Hardin, Russell. 2004. Representing ignorance. *Social Philosophy and Policy* 21 (1): 76–99.

Hayek, Friedrich A. 1945. The use of knowledge in society. *The American Economic Review* XXXV 1945 (9): 519–530.

Hechter, Michael. 2009. Legitimacy in the modern world. *American Behavioral Scientist* 53 (3): 279–288.

Hein, Christoph. 2000. Singapur will sich weiterentwickeln zur „Wissensgesellschaft". *Frankfurter Allgemeine Zeitung.* Nr. 129 vom 5. Juni 2000, 20.

Héritier, Adrienne, Susanne Mingers, Christoph Knill, und Martina Becka. 1994. *Die Veränderung von Staatlichkeit in Europa.* Opladen: Leske + Budrich.

Hilf, Meinhard. 2001. New economy – new democracy? Zur demokratischen Legitimation der WTO. In *Festschrift für Thomas Oppermann.*

Hobbes, Thomas. 1984. *Leviathan. Oder Stoff, Form und Gewalt eines kirchlichen und bürgerlichen Staates. Zuerst 1651.* Frankfurt a. M.: Suhrkamp.

Jasanoff, Sheila. 1990. American exceptionalism and the political acknowledgment of risk. *Daedalus. Proceedings of the American Academy of Arts and Sciences* 119 (1990): 61–82.

Johnson, Simon, und James Kwak. 2011. *13 Bankers. The wall street takeover and the next financial meltdown.* New York: Vintage Books.

Kahneman, Daniel. 2011. *Thinking, fast and slow.* London: Penguin Books.

Kahneman, Daniel, und Amos Tversky. 1982. Judgement unter uncertainty: Heuristics and biases. In *1982: Judgement under uncertainty: Heuristics and biases, Kahnemann*, Hrsg. Daniel et. al. Cambridge u.a.: Cambridge Univ. Press.

Keohane, Robert. 1983. The demand for international regimes, 141–171. In *International Regimes. Paperback Edition 1991*, Hrsg. Stephen Krasner. Ithaca: Cornell University Press.

Keohane, Robert. 2001. Governance in a partially globalized world. Presidential address, American Political Science Association, 2000. *American Political Science Review* 95 (1): 1–13.

Keohane, Robert. 2002. Ironies of sovereignty: The European union and the United States. *JCMS* 40 (4): 743–765.

Krasner, Stephen. 1999. *Sovereignty. Organized hypocrisy.* Princeton: Princeton University Press.

Krasner, Stephen. 2001. Globalization, power, and authority. www.pro.harvard.edu/papers/000/000008KrasnerSte.pdf.

Kunz, Barbara. 2009. Expert report Europe. Shaping a globalized world. Global Policy Council Berlin. Bertelsmann Stiftung. http://www.bertelsmann-stiftung.de/cps/rde/xbcr/SID-698B684C-4BE0E3BD/bst_engl/ExpertReport_Europe.pdf.

Lacker, Jeff. 2013. Interview. http://www.handelsblatt.com/politik/konjunktur/geldpolitik/us-notenbanker-lacker-fed-soll-mit-anleihekaeufen-aufhoeren/7660160.html.

Landemore, Hélène. 2008. Democratic reason: The mechanisms of collective intelligence in politics. Paper prepared for presentation at the Conference Collective Wisdom: Principles and Mechanisms. Collège de FAnce, Paris, May 22–23, 2008. http://cerimes.cines.fr/3517/load/documents//cerimes/UPL55486_LandemoreFinal.pdf.

Landemore, Hélène, und John Elster, Hrsg. 2012. *Collective wisdom: Principles and mechanisms*. Cambridge: Cambridge University Press.

LaPorte, Todd, und Paula Consolini. 1991. Working in practice but not in theory: theoretical challenges of „High-Reliability Organizations". *Journal of Public Administration Research and Theory* 1 (1): 19–47.

Levitin, Adam. 2011. In defense of bailouts. *The Georgetown Law Journal* 99 (2): 437–514.

Liikanen, Erkki. 2012. High-level expert group on reformung the structure of the EU banking sector. Chaired by Erkki Liikanen. Final Report. Brussels, 2 October 2012.

Lindblom, Charles. 1965. *The Intelligence of Democracy. Decision making through mutual adjustment*. New York: Free Press.

Luhmann, Niklas. 1969. *Legitimation durch Verfahren*. Neuwied-Berlin: Luchterhand.

Luhmann, Niklas. 1975. *Soziologische Aufklärung 2*. Opladen: Westdeutscher Verlag.

Luhmann, Niklas. 1976. Generalized Media and the Problem of Contingency. In *Explorations in General Theory in Social Science. Essays in Honor of Talcott Parsons*, Hrsg. Jan Loubser et al. Vol. 2, 507–532. New York.

Luhmann, Niklas. 1984. *Soziale Systeme. Grundriß einer allgemeinen Theorie*. Frankfurt a. M.: Suhrkamp.

Luhmann, Niklas. 1987. *Soziologische Aufklärung 4*. Opladen: Westd. Verlag.

Luhmann, Niklas. 1989. Politische Steuerung. Ein Diskussionsbeitrag. *Politische Vierteljahresschrift* 30: 4–9.

Luhmann, Niklas. 1990. Weltkunst, 7–45. In *Unbeobachtbare Welt, Über Kunst und Architektur*, Hrsg. Niklas Luhmann, Frederick Bunsen, und Dirk Baecker. Bielefeld: Haux.

Luhmann, Niklas. 1991. *Soziologie des Risikos*. Berlin – New York: de Gruyter.

Luhmann, Niklas. 1995. *Die Soziologie und der Mensch. Soziologische Aufklärung 6*. Opladen: Westdeutscher Verlag.

Luhmann, Niklas. 1997. *Die Gesellschaft der Gesellschaft, 2 Bände*. Frankfurt a. M.: Suhrkamp.

Luhmann, Niklas. 2000a. *Die Politik der Gesellschaft*. Frankfurt a. M.: Suhrkamp.

Luhmann, Niklas. 2000b. *Organisation und Entscheidung*. Opladen: Westdeutscher Verlag.

Luhmann, Niklas. 2002. *Einführung in die Systemtheorie. Herausgegeben von Dirk Baecker*. Heidelberg: Carl-Auer.

Macdonald, Douglas. 1992. *Adventures in chaos: American intervention for reform in the Third World*. Cambridge: Harvard UP.

Malkin, Jesse, und Aaron Wildavsky. 1991. Why the traditional distinction between public and private goods should be abandoned. *Journal of theoretical politics* 3 (4): 355–378.

March, James. 1996. Ambiuity, endogeneity, and intelligence, 199–205. In *The logic of organizational disorder*, Hrsg. Massimo Warglien und Michael Masuch. Berlin: de Gruyter.

Markoff, John. 1999. Globalization and the future of democracy. *Journal of World Systems Research* V (2, Summer 1999): 277–309.

Maturana, Humberto. 1981. Autopoiesis, 21–33. In *1981: Autopoiesis. A theory of living organization*, Hrsg. Zeleny Milan. New York: North Holland.

Maturana, Humberto. 1982. *Erkennen: Die Organisation und Verkörperung von Wirklichkeit*. Braunschweig: Vieweg.

Maturana, Humberto, Jerome Lettvin, und u.a. 1965. What the frog's eye tells the frog's brain. In *Embodiments of mind, 1965*, Hrsg. Warren S. McCulloch. Cambridge: MIT Press.

Mayntz, Renate. 1983. Zur Einleitung: Probleme der Theoriebildung in der Implementationsforschung. In *1983: Implementation politischer Programme II. Ansätze zur Theoriebildung*, Hrsg. dies. Opladen: Westdeutscher Verlag.

Mayntz, Renate. 1997. *Soziale Dynamik und politische Steuerung. Theoretische und methodologische Überlegungen.* Frankfurt a. M.: Campus.
Mayntz, Renate. 2002. *Akteure – Mechanismen – Modelle. Zur Theoriefähigkeit makro-sozialer Analysen.* Frankfurt a. M.: Campus.
Mayntz, Renate, Hrsg. 2012. *Crisis and Control. Institutional Change in Financial Market Regulation. Publication Series of the Max Planck Institute for the Study of Societies, Cologne, Germany, Bd. 75.* Frankfurt a. M.: Campus.
Mayntz, Renate, und Birgitta Nedelmann. 1987. Eigendynamische soziale Prozesse. Anmerkungen zu einem analytischen Paradigma. *Kölner Zeitschrift für Soziologie und Sozialpsychologie* 39 (4): 648–668.
Mayntz, Renate, und Fritz Scharf. 1995. Der Ansatz des akteurzentrierten Institutionalismus, 39–72. In: *Gesellschaftliche Selbstregelung und politische Steuerung*, edited by Renate Mayntz and Fritz Scharpf. Frankfurt a. M.: Campus.
Mayntz, Renate, und Fritz Scharf. 2005. Politische Steuerung heute? *Zeitschrift für Soziologie* 34 (3): 236–243.
Mayntz, Renate, und Fritz Scharpf, Hrsg. 1995. *Gesellschaftliche Selbstregelung und politische Steuerung.* Frankfurt a. M.: Campus.
McNamara, Robert. 1987. *Blundering into Disaster. Surviving the first century of the nuclear age. With a new foreword.* New York: Pantheon.
Meadows, Dennis u. a. 1972. *Grenzen des Wachstums.* Stuttgart.
Meadows, Donella u. a. 1982. *Groping in the Dark.* Chichester u. a.: Wiley.
Merton, Robert K. 1973. The normative structure of science, 267–278. In *The sociology of science. Theoretical and empirical investigations. Zuerst 1942*, Hrsg. Robert Merton. Chicago: University of Chicago Press.
Meyer, John. 2000. Globalization. Sources and effects on national states and societies. *International Sociology* 15 (2): 233–248.
Meyer, John. 2005. *Weltkultur: Wie die westlichen Prinzipien die Welt durchdringen.* Frankfurt a. M.: Suhrkamp.
Moyo, Dambisa. 2010. *Dead aid: Why Aid is not working and how there is another way for Africa.* London: Penguin.
Moyo, Dambisa. 2011. *How the West was lost. Fifty years of economic folly – and the stark choices ahead.* London: Allen Lane.
Musgrave, Richard u.a. 1978. *Die öffentlichen Finanzen in Theorie und Praxis, Bd.1. Erste Ausgabe 1973.* Tübingen: Mohr.

North, Douglass. 1990a. *Institutions, institutional change and economic performance*. Cambridge: Cambridge University Press.
North, Douglass. 1990b. A transaction cost theory of politics. *Journal of Theoretical Politics* 2 (4): 355–367.
Nowlin, Matthew. 2011. Theories of the policy process: State of the research and emerging trends. *Policy Studies Journal* 39 (1): 41–60.
Nozick, Robert. 1974. *Anarchy, State, and Utopia*. New York: Basic Books.
Nullmeier, Frank, und Tania Pritzlaff. 2010. The great chain of legitimacy. Justifying transnational democracy. TransState Working Papers Nr. 123. CRC 597. Universität Bremen. http://www.sfb597.uni-bremen.de/homepages/pritzlaff/arbeitspapierBeschreibung.php?ID=164&SPRACHE=de&USER=pritzlaff.
Ohmae, Kenichi. 1995. *The end of the nation state: the rise of regional economies*. New York: Free Press.
Parsons, Talcott. 1964/1951. *The social system*. New York.
Pascual, Carlos. 2009. Expert Report United States. Shaping a globalized world. Global policy council Berlin. Bertelsmann Stiftung. http://www.bertelsmann–stiftung.de/cps/rde/xbcr/SID-698B684C-4BE0E3BD/bst_engl/ExpertReport_USA.pdf.
Quingguo, Jia. 2009. Expert report China. Shaping a globalized world. Global policy council Berlin. Bertelsmann Stiftung. http://www.bertelsmann-stiftung.de/cps/rde/xbcr/SID-698B684C-4BE0E3BD/bst_engl/ExpertReport_China.pdf.
Rawls, John. 1981. *A theory of justice*. 11th Ed. (First publication in 1971). Cambridge: Harvard University Press.
Rawls, John. 2001. *Justice as fairness. A restatement*, Hrsg. Erin Kelly. Cambridge: Harvard University Press.
Reinicke, Wolfgang. 1998. *Global public policy. Governing without government?* Washington D.C.: Brookings Institution Press.
Robertson, Roland. 1998. Glokalisierung: Homogenität und Heterogenität in Raum und Zeit, 192–220. In *Perspektiven der Weltgesellschaft*, Hrsg. Ulrich Beck. Frankfurt a. M.: Suhrkamp.
Rorty, Amélie. 1980. Self-deception, akrasia and irrationality. *Social Science Information* 19: 905–922.
Rorty, Richard. 1989. *Kontingenz, Ironie und Solidarität*. Frankfurt a. M.: Suhrkamp.

Rosenau, James. 1999. The future of politics. *Futures* 31: 1005–1016.
Sassen, Saskia. 1998. Zur Einbettung des Globalisierungsprozesses: Der Nationalstaat vor neuen Aufgaben. *Berliner Journal für Soziologie* 8: 34–357.
Sassen, Saskia. 1999. Spatialities and temporalities of the global: Elements for a theorization. Unpublished Manuscript: www2.ucsc.edu/cgirs/publications/cpapers/sassen.pdf. Zugegriffen: 3. März 2003.
Saussure, Ferdinand de. 2003. *Linguistik und Semiologie. Notizen aus dem Nachlaß. Texte, Briefe und Dokumente. Gesammelt, übersetzt und eingeleitet von Johannes Fehr*. Frankfurt a. M.: Suhrkamp.
Scharpf, Fritz. 1970. *Demokratietheorie zwischen Utopie und Anpassung*. Konstanz: Universitätsverlag.
Scharpf, Fritz. 1989. Politische Steuerung und politische Institutionen. *Politische Vierteljahresschrift* 30: 12–21.
Scharpf, Fritz. 1993a. Coordination in hierarchies and networks, 125–166. In *Games in hierarchies and networks*, Hrsg. Fritz Scharpf. Frankfurt a. M.: Campus.
Scharpf, Fritz. 1993b. Legitimationsprobleme der Globalisierung. Regieren in Verhandlungssystemen, 165–185. In *Regieren im 21. Jahrhundert – zwischen Globalisierung und Regionalisierung. Festgabe für Hans-Hermann Hartwich zum 65. Geburtstag*, Hrsg. Carl Böhret and Göttrik Wewer. Opladen: Leske + Budrich.
Scharpf, Fritz. 1993c. Positive und negative Koordination in Verhandlungssystemen. *PVS-Sonderheft 24/1993: Policy-Analyse. Kritik und Neuorientierung, hg. von Adrienne Héritier*: 57–83.
Scharpf, Fritz. 2004. Legitimationskonzepte jenseits des Nationalstaats. MPIfG Working Paper 04/6, November 2004. http://www.mpifg.de/pu/workpap/wp04-6/wp04-6.html.
Scharpf, Fritz. 2007. Reflections on multi-level legitimacy. MPIfG Working Paper 07/3. www.mpifg.de.
Scharpf, Fritz. 2012. Legitimacy intermediation in the multilevel European polity and its collapse in the Euro crisis. MPfG Discussion paper 12-6. http://www.mpifg.de/pu/mpifg_dp/dp12-6.pdf.
Schattschneider, Ernst E. 1975/1960. *The semisovereign people*. Hinsdale, Ill.: Dryden Press.
Senge, Peter. 1990. *The fifth discipline*. New York: Doubleday.

Senti, Richard. 2005. Überlegungen zu Reformmöglichkeiten für die WTO. *Neue Zürcher Zeitung*. Nr. 60 vom 12./13. März 2005: 29.
Sibert, Ann. 2010. A systemic risk warning system. Birbeck University of London ePrints. www.eprints.bbk.ac.uk.
Simmel, Georg. 1890. *Über sociale Differenzierung*. Leipzig: Duncker & Humblot.
Simon, Herbert. 1978. Rationality as process and as product of thought. *American Economic Association Review* 68 (2): 1–16.
Simon, Herbert. 1983. *Reason in human affairs*. Stanford: Stanford University Press.
Sinclair, Timothy. 2005. *The new masters of capital. American bond rating agencies and the politics of creditworthiness*. Ithaca: Cornell University Press.
Sklair, Leslie. 1999. Competing conceptions of globalization. *Journal of World-Systems Research* V (2): 143–162.
Spencer Brown, George. 1979. *Laws of form*. New York: Dutton.
Stehr, Nico. 1994. *Knowledge Societies*. London: Sage.
Stichweh, Rudolf. 2000. *Die Weltgesellschaft. Soziologische Analysen*. Frankfurt a. M.: Suhrkamp.
Strange, Susan. 1995. The limits of politics. *Government and Opposition* 30: 291–311.
Taylor, Chris. 2013. The math behind the meltdown. *The American Interest* VIII (3): 86–89.
Teubner, Gunther, Hrsg. 1997. *Global law without a state*. Aldershot u. a.: Artmouth.
Teubner, Gunther. 2003. Globale Zivilverfassungen: Alternativen zur staatszentrierten Verfassungstheorie. *Zeitschrift für ausländisches öffentliches Recht und Völkerrecht* 63 (1): 1–28.
Thurow, Lester. 1999. *Building Wealth: The new rules for individuals, companies, and nations in a knowledg-based economy*. New York: HarperCollins.
Weber, Max. 1972. *Wirtschaft und Gesellschaft, 5. Aufl*. Tübingen: Mohr.
Wildavsky, Aaron. 1973. *Implementation: How great expectations in Washington are dashed in Oakland; or, why it's amazing that federal programs work at all*. Berkeley: UC Press.
Williamson, Oliver. 1975. *Markets and hierarchies: Analysis and antitrust implications*. New York: Free Press.

Williamson, Oliver. 1985. *The economic institutions of capitalism. Firms, Markets, Relational Contracting*. New York: Free Press.
Williamson, Oliver. 1996. *The mechanisms of governance*. New York: Free Press.
Williamson, Oliver. 2005. *The economics of governance*. Berkeley: University of California Press.
Willke, Helmut. 1975. *Stand und Kritik der neueren Grundrechtstheorie. Schritte zu einer normativen Systemtheorie*. Berlin: Duncker & Humblot.
Willke, Helmut. 1983. Entzauberung des Staates. Überlegungen zu einer gesellschaftlichen Steuerungstheorie. (Als PDF-Datei verfügbar auf www.uni-bielefeld.de/pet unter Literatur). Königstein/Ts.: Athenäum.
Willke, Helmut. 1986. The Tragedy of the State. Prolegomena to a theory of the state in polycentric society. *ARSP* LXXII: 455–467.
Willke, Helmut. 1987. Differenzierung und Integration in Luhmanns Theorie sozialer Systeme, 247–274. In *Sinn, Kommunikation und soziale Differenzierung. Beiträge zu Luhmanns Theorie sozialer Systeme*, Hrsg. Hans Haferkamp und Michael Schmid. Frankfurt a. M.: Suhrkamp.
Willke, Helmut. 1996. *Ironie des Staates. Grundlinien einer Theorie des Staates polyzentrischer Gesellschaft. (Neuausgabe als stw-Band 1221*. Frankfurt a. M.: Suhrkamp.
Willke, Helmut. 1997. *Supervision des Staates*. Frankfurt a. M.: Suhrkamp.
Willke, Helmut. 1999. *Systemtheorie II: Interventionstheorie. 3. Aufl.* Stuttgart: Lucius & Lucius (UTB).
Willke, Helmut. 2000. Die Gesellschaft der Systemtheorie. *Ethik und Sozialwissenschaft. Zeitschrift für Erwägungskultur* 11 (2/2000): 195–209.
Willke, Helmut. 2001a. *Atopia. Studien zur atopischen Gesellschaft*. Frankfurt a. M.: Suhrkamp.
Willke, Helmut. 2001b. *Systemtheorie III: Steuerungstheorie. 3. Aufl.* Stuttgart: Lucius & Lucius (UTB).
Willke, Helmut. 2002. *Dystopia. Studien zur Krisis des Wissens moderner Gesellschaft*. Frankfurt a. M.: Suhrkamp.
Willke, Helmut. 2005. *Symbolische Systeme*. Weilerswist: Velbrück.
Willke, Helmut. 2006. *Global governance*. Bielefeld: transcript.
Willke, Helmut. 2007. *Smart governance. Governing the global knowledge society*. Frankfurt a. M.: Campus.

Willke, Helmut. 2009. *Governance in a disenchanted world. The end of moral society*. Cheltenham: Edward Elgar.
Willke, Helmut. 2010a. Political governance of capitalism. A reassessment after the crisis, 191–216. In *Capitalism revisited – Anmerkungen zur Zukunft des Kapitalismus*, Hrsg. Ursula Pasero, Karen von den Berg, und Alihan Kabalak. Marburg: Metropolis-Verlag.
Willke, Helmut. 2010b. Transparency after the Financial Crisis. Democracy, Transparency, and the Veil of Ignorance, 56–81. In *Transparenz. Multidisziplinäre Durchsichten durch Phänomene und Theorien des Undurchsichtigen*, Hrsg. Stefan Jansen, E. Schröter, und Nico Stehr. Wiesbaden: VS Verlag für Sozialwissenschaften.
Willke, Helmut. 2011a. *Einführung in das systemische Wissensmanagement. 3. erweiterte Auflage*. Heidelberg: Carl-Auer.
Willke, Helmut. 2011b. Systemic risk in global finance. *Technologiefolgenabschätzung* 20 (2): 33–40.
Wimmer, Rudolf. 1999. Zur Eigendynamik komplexer Organisationen. Sind Unternehmungen mit hoher Eigenkomplexität noch steuerbar? In: *Organisationsentwicklung für die Zukunft. Ein Handbuch. 2. Aufl.*, Hrsg. Gerhard Fatzer. Köln: Edition Humanistische Psychologie.
Winner, Langdon. 1997. Technology today: utopia or dystopia? *Social Research* 64 (3): 989–1017.
Zangl, Bernhard. 2006. *Die Internationalisierung der Rechtsstaatlichkeit. Streitbeilegung in GATT und WTO*. Frankfurt a. M.: Campus.
Zürn, Michael. 1998. *Regieren jenseits des Nationalstaates*. Frankfurt a. M.: Suhrkamp.

MIX
Papier aus verantwortungsvollen Quellen
Paper from responsible sources
FSC® C105338

If you have any concerns about our products,
you can contact us on
ProductSafety@springernature.com

In case Publisher is established outside the EU,
the EU authorized representative is:
**Springer Nature Customer Service Center GmbH
Europaplatz 3, 69115 Heidelberg, Germany**

Printed by Libri Plureos GmbH
in Hamburg, Germany